LA LITERATURA DE LA MÚSICA EN FRANCIA

Del siglo XVIII a Marcel Proust

LA LITERATURA DE LA MÚSICA EN FRANCIA

Del siglo XVIII a Marcel Proust

Teófilo Sanz

PLAZA Y VALDÉS
EDITORES

Primera edición, 2025

Plaza y Valdés, S. L.
Paseo del Rey, 4
28008, Madrid (España)
☎ (34) 918126315
madrid@plazayvaldes.es
www.plazayvaldes.es

Imagen de portada: «Agréments du chant françois» (detalle), *Encyclopédie,* Planches, tome VII, Musique, 1769 / «Art d'écrire» (detalle), *Encyclopédie,* Planches, tome II, Écriture, 1763.
Diseño de cubierta: María Rosa Encinas

ISBN: 978-84-17121-98-3
D. L.: GR 828-2025

IBIC: DSB
THEMA: DSM; AVM

Imprenta: Copias Centro
Impreso en España - *Printed in Spain*

Papel 100 % procedente de bosques gestionados de acuerdo con criterios de sostenibilidad.

Índice

Preludio

Este libro traza un panorama de la recepción de la música en la literatura francesa desde el siglo XVIII hasta principios del siglo XX. En primer término, veremos cómo de los debates sobre las artes en el Siglo de la Luces francés emerge una nueva concepción de la mímesis, en la que cobra una gran importancia la representación de las emociones. A este respecto, podemos decir que en el siglo XVIII se produce un cambio de paradigma estético en lo relativo a la relación de la música con el lenguaje. Las disputas sobre la primacía de la armonía en la música cantada fueron apasionadas y dieron lugar a textos teóricos muy ricos y sugerentes sobre el poder emocional del canto original. Pero, más allá de la relación entre la palabra y la música, también se comienza a valorar la música puramente instrumental y su capacidad de suscitar emociones intensas. Además de ofrecer una visión general sobre las disputas que nacieron a raíz de estos presupuestos estéticos, destacaremos en particular el papel que en ese campo tuvieron dos grandes ilustrados: Jean-Jacques

Rousseau y Denis Diderot. Ambos escritores y filósofos abordan la música de manera recurrente, tanto en sus escritos teóricos como en sus creaciones literarias.

En el siglo XIX, muchos escritores y escritoras de la corriente romántica se inspiran en las teorías sobre la música defendidas por Rousseau, Diderot y otros ilustrados. Del mismo modo, junto a la herencia del siglo XVIII francés, se aceptan paulatinamente las nuevas ideas que sobre la música llegan a Francia desde otros países europeos, en especial desde Alemania e Inglaterra. En esa línea, la figura de Madame de Staël es altamente significativa. Esta escritora y pensadora defiende, al igual que Rousseau, la melodía frente a la armonía. Madame de Staël también admira la capacidad que tiene la música instrumental alemana para ir más allá del pensamiento que nos impone el lenguaje. Sus teorías tendrán una gran acogida en la generación romántica posterior.

Independientemente de las indudables diferencias que existen entre los autores y autoras románticos tratados en este libro, existe un denominador común que los une cuando piensan la música: la búsqueda de las emociones. De esta manera, el poeta Alphonse de Lamartine se conmueve con la música instrumental de las óperas de Rossini. Stendhal define la música como un repertorio que contiene todos los matices de los sentimientos. La novelista George Sand concibe la música como una aliada de la libertad y cree firmemente que ese arte tiene la capacidad de conducir al ser humano hacia el éxtasis. El poeta Alfred de Musset alaba la música como un arte sublime que a la vez puede ser desgarrador. Victor Hugo siente admiración por la irracionalidad del lenguaje musical. Y el escritor romántico y gran crítico musical Théophile Gautier relaciona la belleza de la música con las demás artes, abriendo las puertas a la teoría de las correspondencias y a la modernidad.

No se podría hablar de la «literatura de la música» en el siglo XIX sin dedicar un apartado especial al análisis filosófico del fenómeno musical que realiza el novelista Honoré de Balzac. Como es sabido, este autor, en su búsqueda de lo «absoluto» en el arte, repasa en profundidad la ciencia de la música. Esta tarea la lleva a cabo con sus dos novelas *Massimilla Doni* y *Gambara*, por medio de las cuales nos ofrece la posibilidad de constatar hasta qué punto se siente vinculado con el siglo XVIII al tiempo que predice una música con tintes vanguardistas. Su gran interés por la teoría armónica y por la disonancia le conduce a superar los límites del Romanticismo y a pensar en un arte musical con visión de futuro. Balzac es sin duda un visionario que intuye las vanguardias musicales de finales del siglo XIX y de principios del XX.

La recepción de la música en la poesía francesa de la segunda mitad del siglo XIX tiene como referente a Richard Wagner. Los escritos sobre este compositor alemán, que realizaron dos grandes poetas de la modernidad, Baudelaire y Mallarmé, así lo atestiguan. Baudelaire es un poeta que por medio de su propio discurso crítico sobre la música pretende ante todo transmitir su concepción de la poesía. Sin renunciar a su admiración por el drama wagneriano, se sirve de la música del compositor alemán para afianzar su idea de la modernidad poética. Por su parte, Mallarmé reivindica una música silenciosa que emana de la deconstrucción del orden sintáctico y formal. Con esa finalidad, elige a Wagner como modelo porque considera que este compositor rompe con el teatro tradicional y tal vez porque su melodía infinita elimina la jerarquía tonal. Pero si Mallarmé admira las innovaciones introducidas por Wagner en la música y en el campo escénico, no comparte, sin embargo, la proliferación sonora de sus composiciones. Las estridentes trompetas wagnerianas le horrorizan porque lo que él plantea es la consecución de una poesía musical en la que el silencio plasmado en los espacios desnudos de la escritura adquiera un papel relevante.

Por último, nuestro recorrido se adentrará en la literatura de Marcel Proust, quien explora la probabilidad de una obra de arte perfecta y se pregunta si, en el caso de no haberse inventado el lenguaje, la música no habría sido un modelo único de comunicación entre las almas. Para este novelista universal, Wagner será un modelo preferente. No obstante, aun siendo fiel a las teorías musicales idealistas del siglo XIX que encarna el compositor alemán, Proust se verá igualmente influenciado por los innovadores lenguajes musicales franceses de principios del siglo XX. Estas nuevas corrientes estéticas dejarán una impronta relevante en su obra literaria.

Espero que la lectura de este libro contribuya al conocimiento de la comunicación entre las artes. La literatura de la música nos descubre una faceta poco transitada de la creación estética.

I. La recepción de la música en la filosofía y la literatura del siglo XVIII

Hacia la interiorización de la mímesis

Muy a menudo se ha criticado el intelectualismo de los filósofos ilustrados como si hubieran ignorado los afectos y los sentimientos. Se ha dicho que, para ellos, la realidad psíquica del ser humano se limitaba a las sensaciones y a las representaciones. Esta esquematización empobrecedora de la Ilustración es un tópico y proviene del desconocimiento de las fuentes y de las interpretaciones parciales de algunos estudiosos (Puleo, 2023). En su extenso estudio *Naissance de la conscience romantique au siècle des Lumières,* Gusdorf reconoce que ya desde finales del siglo XVII surge una nueva forma de conciencia en la que el «hombre sensible» remplaza a los ideales anteriores de «hombre honesto». La razón ya no ha de sofocar y dominar los sentimientos, sino que la sensibilidad se impone incluso en la moral y la enriquece. No se produce una abolición del razonamiento, sino un intento de equilibrio entre ambos elementos. El alma sensible no es ajena al intelecto ilustrado y, por lo tanto, el Romanticismo ya habría emergido en el Siglo de las Luces (Gusdorf, 1976).

Por esta razón, aparece una literatura epistolar y autobiográfica que vehicula los sentimientos del yo. Como observa Cassirer, casi la totalidad de los filósofos de la Ilustración han otorgado a las pasiones una importancia notable en sus teorías psicológicas. Cassirer considera que el siglo XVIII supera la visión estoica de las pasiones, que se encuentra en pensadores como Descartes o Spinoza (Cassirer, 1932). Frente al clasicismo, en el Siglo de las Luces las pasiones empiezan a ser connotadas positivamente. Incluso el muy racionalista Voltaire piensa que las pasiones son los engranajes que permiten que las máquinas de la naturaleza funcionen (Voltaire, 1735: VII).

Diderot también participa de esa idea y así lo plasma en sus *Pensées philosophiques* (Diderot, 1994). Frente a los que reniegan de las pasiones imputándoles todas las penas que sufre el ser humano, el filósofo declara que son la fuente de todos los placeres. Irritado porque siempre se las ve desde una óptica negativa afirma, sin embargo, que «solo las pasiones, las grandes pasiones, son capaces de elevar el alma para las grandes tareas. Sin ellas desaparecía lo sublime ya sea en las costumbres o en las creaciones; las bellas artes volverían a la infancia y la virtud se haría minuciosa»[1] (Diderot, 1994: 19).

Los pensadores y escritores de la Ilustración concedieron una especial atención a la música y la pensaron en relación con las emociones. Además de Rousseau y Diderot, muchos ilustrados redactaron artículos musicales para la *Enciclopedia* o escribieron

---

[1] A excepción de los casos de las versiones en castellano, debidamente indicadas en la bibliografía, todas las citas traducidas del francés son mías.

sobre los límites de la mímesis, lo que da fe de la importancia que la música, un arte relegado en siglos anteriores al último escalón en el rango de importancia, adquiere entre los grandes nombres que iniciaron la modernidad. En su obra *Réflexions critiques sur la poésie et sur la peinture,* Dubos afirma que la música en la ópera imita el tono, los acentos y los suspiros. También estima que los sonidos se unen de manera natural a los sentimientos contenidos en las palabras. No obstante, Dubos atenúa el valor de la música instrumental. No duda de que pueda ser agradable, pero siempre será inferior a la música cantada porque no es imitativa (Dubos, 1967: 484-486). Para este autor, la música instrumental solo puede conmover al oyente si está inserta en la acción teatral, es decir, si ejerce su papel de subordinada. Queda así patente su idea de que los episodios musicales emocionan cuando están dentro de un todo en el cual predomina la palabra y que, por el contrario, se tornan mediocres si se aíslan con el fin de ser escuchados como sonatas o sinfonías.

Por su parte, Batteux también concede importancia a la música vocal. Sin embargo, a diferencia de Dubos, otorga un papel significativo a la música instrumental. En su concepción estética, los instrumentos tienen un estatus relevante ya que poseen la virtud de imitar las pasiones humanas. De esta forma, el corazón poseería una inteligencia que iría más allá de las palabras (Batteux, 1989). Para él, los tonos, como los gestos, son una especie de diccionario de la naturaleza sencilla que todos tenemos al nacer. Batteux no cierra de manera concluyente la posibilidad de que la música instrumental diga algo por sí misma, por esa razón, declara que «el sonido es la expresión esencial de la música, como el color lo es de la pintura y el movimiento del cuerpo, de la danza» (Batteux, 1989: 40-41). Como observa Béatrice

Didier, la mayoría de los filósofos permanecen fieles a un cierto clasicismo y no logran del todo superar la idea de la música como un arte imitativo: «Incluso Diderot, el más innovador, no se libra totalmente del clasicismo» (Didier, 1985: 19). La tarea a la que algunos se van a dedicar consistirá en modificar la herencia clásica desde su interior introduciendo elementos innovadores que provienen de fuentes tan diversas como el empirismo inglés, la teoría armónica de Rameau, los estudios lingüísticos o la influencia de la música italiana. Esa «revolución» estética se hará realidad, como veremos más adelante, a partir de mediados del siglo XVIII con la famosa *Querelle des Bouffons.*

La teoría de la imitación heredada del clasicismo estimulará a lo largo del XVIII a los escritores-filósofos, ya que plantea cuestiones que son difíciles de resolver. En general, se pensaba que la música imitativa era la única portadora de sentido, puesto que el resto de las creaciones se limitaba a ser un conjunto de sonidos que llegaban al oído y no alcanzaban la interioridad. Como escribe Rowell, «La teoría de la mímesis le niega a la música un ser independiente y supone una fuente o un modelo externos; a partir de esto se presentan muchas otras complicaciones» (Rowell, 1990: 57).

En realidad, a principios del siglo se sostenía que el objeto a imitar era la naturaleza, Pero existen dos versiones de esta imitación: la naturaleza de las cosas y la naturaleza de los seres humanos. Así, en el primer caso estamos ante un concepto de imitación que conlleva una idea estrecha de la música donde prima lo puramente descriptivo: la imitación del paisaje, de las tormentas, de los mares, etc. Se trataría de un arte utilitario que copia lo que se ve. En cambio, en el segundo supuesto nos encontraríamos al ser humano como integrante de la naturaleza y, por consiguiente, imitar la naturaleza también equivaldría a pintar la naturaleza interna del mismo. Aparece así una manera nueva de exponer los sentimientos mediante la música: «no se trataría tanto de pintar el campo como de pintar los sentimientos que genera en el ser humano la visión del campo» (Didier, 1985: 27). Este hecho va a ser decisivo para el cambio de paradigma estético porque supone una interiorización de la imitación que contribuyó, según apunta Neubauer, a «la renovación de las teorías de las pasiones del siglo XVIII y su extensión hasta bien entrado el siglo XIX» (Neubauer, 1992: 118).

El problema de la imitación no se limita únicamente a la música cantada. La música instrumental, en la que la voz está ausente, genera desconfianza porque se trata de una forma creativa que no habla ni al intelecto ni al alma. «Sonate que me veux-tu?», dirá el cartesiano Fontenelle, al que cita Rousseau en su entrada «Sonate» incluida en su *Dictionnaire de musique* de 1768 (Rousseau, 1768: 459-460). No obstante, ese recelo se irá venciendo progresivamente a lo largo del XVIII y, tras la Ilustración, los escritores románticos o simbolistas verán en la música pura el lenguaje universal por excelencia. Será en estos momentos cuando se llegue al apogeo de la inversión del paradigma estético iniciada a principios del siglo XVIII.

Desde un punto de vista diacrónico, se podría decir que una interpretación mecanicista de la teoría de la imitación preside la primera mitad del siglo XVIII: la música engendra pasiones, pero siempre pasando por lo que dicen los sentidos, por el cuerpo. A partir de 1750, las teorías sensualistas se imponen, ahora la sensibilidad abarca tanto los sentimientos como las sensaciones. La música se erige también como un medio perfecto para expresar las pasiones. Los filósofos, en particular Rousseau y Diderot, ampliarán el concepto de imitación y respaldarán la idea de que la música es el arte ideal para expresar los sentimientos más ocultos. Por consiguiente, la estética de las Luces amplía la reducida visión a la que estaba sometido el concepto de imitación. Como sostiene Neubauer: «la interiorización de la imitación que tuvo lugar hacia finales del siglo no solo no debilitó, sino que reforzó el principio mimético inherente a las teorías de las pasiones» (Neubauer, 1992: 117).

Las primeras *querelles* músico-literarias: tradición versus modernidad

Los debates musicales fueron una constante desde los inicios del siglo XVIII. En ellos se discutía sobre las relaciones de la música con los textos literarios y sobre qué lengua sería la más adecuada para ser cantada. Más tarde, en pleno apogeo del pensamiento ilustrado, las *querelles* siguieron presentes en la vida intelectual francesa, en particular las que enfrentaron a los defensores de la melodía frente a aquellos que propugnaban la superioridad de la armonía. Por otra parte, a medida que avanzaba el siglo, también se empezó a concebir la música instrumental como un ente autónomo capaz de comunicar y conectar con la subjetividad de los oyentes.

La primera polémica significativa tuvo lugar en el paso del siglo XVII al XVIII, y en ella ya se plantea la cuestión de la importancia del texto en la ópera. El primero en abordar el tema fue el abate Raguenet, quien, en 1702, escribe el libro titulado *Paralèle des Italiens et des François en ce qui regarde la musique et les opéra* (Raguenet, 1702). En este texto, el autor reconoce que las obras de teatro sobre las que trabajan los músicos franceses son de por sí muy coherentes y muy bien podrían representarse sin tener que recurrir a la música (Raguenet, 1702: 5-6). Señala igualmente que estas piezas puestas en música a la manera clásica francesa son bellas ya que los cantantes galos tienen unas voces bellísimas, coros magníficos, *ballets* incomparables y un vestuario espléndido (Raguenet, 1702: 19-20). También hace un elogio de los instrumentos franceses, en particular de los violines, muy superiores a los italianos por la finura de su sonido (Raguenet, 1702: 17). No obstante, llama la atención que después de defender a los franceses, en ese mismo texto, establezca una lista exhaustiva de los méritos italianos. En cuanto a la relación del texto literario con la música, Raguenet observa que la ópera francesa no puede ser calificada de tragedia. Si la tragedia es capaz de causar un placer estético en el espectador sin ayuda de la música, eso significa que el texto no es adecuado para ser llevado al pentagrama. En cambio, los libretos italianos se adaptan de manera natural por sus características lingüísticas al lenguaje musical. Raguenet estima, por lo tanto, que la lengua italiana tiene una enorme ventaja sobre la francesa a la hora de ser cantada (Raguenet, 1702: 23-24). Por ello, las voces de los *castrati* son más aptas para decir el amor, más, si cabe, que las voces femeninas. En su conclusión, sostiene que la música italiana es bella porque es fresca y está llena de invenciones que son muy agradables para el oído y porque es, al mismo tiempo, capaz de divertir. Por el contrario, la ópera francesa aburre al público ya que no conmueve y es monótona. Pero independientemente de esa comparación, Raguenet no se limita a reflexionar sobre la música que acompaña a un texto dado. Su discurso es novedoso porque incluye un elogio claro de la música instrumental italiana, es decir, de la música como elemento autosuficiente, capaz de despertar emociones. Así, alaba sus audacias armónicas y la espontaneidad de sus conjuntos orquestales (Raguenet, 1702: 53 y ss.). Libre de encorsetamientos literarios, la música instrumental suscita, según su parecer, más interés en los oyentes ya que estos captan y se sienten fascinados por la libertad de los compositores que no tienen que plegarse a unas reglas estrictas. En esa línea, su libro se caracteriza por ser un manifiesto consagrado a la libertad y a la fantasía. Digamos que Raguenet se opone a la poética del recato y de la uniformidad propia de la cultura estética clásica francesa. Ya no identifica la música como únicamente música con texto.

Dos años más tarde, en 1704, la respuesta a Raguenet por parte de Le Cerf de la Viéville, gran admirador de Lully, la encontramos en el libro *Comparaison de la musique italienne et de la musique françoise* (Le Cerf, 1706). En realidad, este debate anuncia la futura *Querelle des Bouffons,* donde se discutirá sobre la tradición y la modernidad en la música francesa. Como anota Béatrice Didier (Didier, 1985: 181) a principios del XVIII, la oposición entre simplicidad y complicación no funciona como en tiempos posteriores, sobre todo en la mitad del siglo, que es cuando se da la polémica de los «bufones». Eso era así hasta tal punto que, paradójicamente, la música italiana era vista a finales del XVII y principios del Siglo de las Luces como algo demasiado complicado frente a la vieja música francesa sencilla y límpida. Lo cierto es que Le Cerf construye su discurso contra la ópera italiana con los argumentos clásicos que regían en la corte de Versalles para el teatro: el respeto a las reglas, a la tradición y a la autoridad. De esta manera, sigue considerando al rey como la única autoridad capaz de dirimir las cuestiones relativas a cualquier disputa relacionada con la música. Le Cerf se presenta como el gran defensor de la tradición racionalista y clásica que tenía a Lully como referente absoluto. Se opone, por lo tanto, a aquellos que defienden la autonomía de los valores musicales. En esa línea, acusa a los italianos de dejarse llevar por el placer de los sonidos y propone que se observen las reglas y se eviten los excesos, no hace más que reivindicar la simplicidad y el justo medio, cualidades ajenas a la música italiana cuyas complicaciones la alejarían de lo que es natural. Le Cerf aborrece la proliferación superflua de adornos en la música italiana, considera que el deseo de agradar a través de esos tejidos musicales oculta la falta de sensibilidad y de sinceridad. A pesar de todo, acepta, bajo algunas condiciones, la importancia que tienen tanto la música como la ópera. Su objetivo consistía en intentar buscar un modelo de unión entre la música y el texto poético de la tragedia. En cierta medida, valora esta forma de unión de las artes, aunque para él la música instrumental no tenga valor por sí misma, solo lo adquiere cuando expresa el discurso y los sentimientos que se encuentran en los textos de las tragedias: «la sinfonía es la parte menos esencial de la música: la música solo está ahí para expresar los discursos y los sentimientos de la tragedia, algo que la música no puede expresar» (Le Cerf, 1706: 147). Por lo tanto, en un momento en el que se debatía si había que condenar o ensalzar la ópera, Le Cerf admite, con matices, esta forma de colaboración entre la literatura y la música. De esta manera, la música va haciéndose poco a poco un hueco en el horizonte artístico y cultural del momento, rompiendo definitivamente con los textos condenatorios de ciertos clásicos como Bossuet o Boileau que desconfiaban de la ópera porque despierta emociones y pasiones.

La ópera francesa tal y como se conocía en los inicios del XVIII tiene sus orígenes en la tragedia puesta en música, que es el resultado del encuentro razonado de un texto en verso y de una partitura. Además, en este tipo de producciones tienen cabida danzas y espectáculos (Cannone, 1998: 31). Esta forma alcanza su madurez rápidamente, y desde las primeras obras de Lully en el siglo XVII ya se puede decir que está consolidada. Hasta la concepción operística de Rameau en los años treinta del siglo XVIII, el modelo no sufrirá grandes mutaciones. Lully tendrá la supremacía tanto en Francia como en el resto del continente gracias al triunfo de su ópera *Cadmus et Hermione* de 1673. La ópera barroca de Lully otorga más importancia al texto literario dramático donde la prosodia ha de ser perfecta. Dado que el texto es esencial, estas obras también se presentan al público con el nombre del libretista. En efecto, cuando se habla de la ópera de Lully siempre aparece en primer lugar el nombre del que fuera su libretista: Quinault. Existe un dúo Quinault/ Lully que simboliza la ópera francesa del momento. Había un trabajo de equipo entre los dos, pero el texto era lo primero. Para el resto, el puro divertimento, Lully era el maestro absoluto. Este modelo en cinco actos con recitativos expresivos y dramáticos permite, sin embargo, vehicular las emociones sin renegar de las reglas clásicas. Pero los recitativos escritos por Lully no se alejan en absoluto del texto. En este espectáculo, la música no tiene ningún tipo de autonomía ya que debe conformarse al «fraseo poético y a la exactitud de la prosodia» (Cannone, 1998: 42). Este respeto absoluto de la prosodia le obliga a escribir unas partituras en las que los instrumentos de la orquesta imitan materialmente el texto. Es un modelo analógico y clásico que, ya entrado el XVIII, Rameau va a cuestionar dando lugar a otra disputa que enfrentará a los partidarios de Lully, *les lullistes,* y a los de Rameau, *les ramistes*.

Indudablemente, Jean-Philippe Rameau marca un hito frente al pasado con la representación, en octubre de 1733, de su ópera *Hippolyte et Aricie.* Según las versiones de los espectadores que asistieron al estreno, Rameau rompía con la tradición sobre todo porque la música adquiría en su ópera una autonomía que, en cierta medida, acababa con el modelo que afanosamente Lully había establecido. Además, la música de esa ópera, basada en la tragedia *Fedra* de Racine, sonaba de manera rara y disonante en el oído de unos espectadores acostumbrados a la música lulista. En efecto, si en las cuestiones formales relativas a la forma clásica de la tragedia Rameau sigue fiel a la tradición, en lo concerniente a la música se puede afirmar que era rupturista. Su música autónoma, llena de cromatismos y de ruidos monstruosos, asoma con fuerza por encima del poema. Rameau tenía una idea muy clara del papel que la música debía jugar en su unión con el texto que, en muchas de sus óperas, queda relegado a un segundo plano. Priorizaba una musicalidad rica e imaginativa. No obstante, esto no quiere decir que su música, verdaderamente omnipresente, poco discreta, atiborrada de armonías, cargada de notas o de disonancias atrevidas para la época, se aleje de los sentimientos o de la poesía. Como declara en su libro *Observations sur notre instinct pour la musique et sur son principe:*

> A veces se quiere obtener de la música lo que solo es propio de las palabras [...] se intenta someterse a ellas por inflexiones forzadas y ese no es el medio para poder juzgarla, al contrario tenemos que dejarnos arrastrar por el sentimiento que inspira la música, sin pensar en él, sin pensar en las palabras y de esa manera el sentimiento se convertirá en el órgano de nuestro juicio (Rameau, 1754: 61-62).

Pero, a pesar de ser un gran innovador, Rameau no fue reconocido por los filósofos. Tal vez la causa de este rechazo haya que buscarla en las teorías que el propio Rameau desarrolló en su *Traité de l'harmonie* (1722), donde asume el racionalismo cartesiano. En el prólogo de ese texto declara que la música es una ciencia que ha de tener unas reglas definidas con la inestimable ayuda de las matemáticas. La razón debe primar frente a la experiencia que la ha eclipsado. Sin embargo, conviene reiterar que para este compositor la música puede generar emociones ya que considera que los acordes y los intervalos tienen como finalidad expresar la pasión o el sentimiento (Rameau, 1722: s. p.). Quizá los partidarios de la melodía obsesionados con el cartesianismo del músico de Dijon no quisieron admitir esa realidad. En todo caso, cuando Rousseau reniega de las teorías de Rameau se inicia un debate apasionante sobre la música y el lenguaje que se extenderá a lo largo de toda la segunda mitad del Siglo de las Luces. Sin duda alguna, las aportaciones de Rousseau y de Diderot desde la reflexión filosófica y la literatura contribuyeron de manera notable al cambio de paradigma estético en lo referente a la poeticidad de la música y a su capacidad de generar emociones más allá de la rígida imitación que propugnaba el clasicismo.

Jean-Jacques Rousseau: pasión melódica

La *Querelle des Bouffons* comienza en 1752 cuando una compañía de actores líricos italianos instalados en París, los «bufones», realiza una serie de interpretaciones de *La serva padrona* de Pergolesi. Ese espectáculo será el que reavive la tradición de las *querelles* que se inició, como acabamos de ver, a principios del siglo XVIII. La nueva disputa opondrá a los que defienden a ultranza la música francesa y a los bufones, abiertos a otras formas de entender el arte. Rousseau y Diderot serán las figuras más relevantes de esta vanguardia. Resulta paradójico que, en ese debate, Rameau sea considerado como el representante de la tradición cuando en el pasado había sido acusado de no respetar el arte musical francés basado en la mímesis pura. Los enciclopedistas y un buen número de melómanos creen que la ópera italiana posee unas características que la acercan a la mítica unión natural de la lengua y el canto. Estiman que, en oposición a la sofisticada música francesa, en el arte transalpino predomina la simplicidad, lo pintoresco, lo natural y la ligereza. Rousseau es un defensor a ultranza de la belleza de esa música natural despojada de artificios. Aunque estos apasionados y a veces violentos debates tenían como objetivo el arte lírico, es decir, la música, casi siempre se dirimían entre escritores, filósofos o matemáticos. Salvo al final, los músicos se mantuvieron al margen, dejando a los pensadores, no siempre muy duchos en teoría musical, que debatieran sobre las ideas que concernían más bien al ámbito de la música. Sea como fuere, los defensores de una música natural se sienten atraídos y seducidos por los ritmos alegres y por los adornos melódicos de la música italiana. Sin embargo, el debate es más complejo de lo que parece a primera vista, ni los tradicionalistas estaban tan desfasados como se creía ni los modernos eran tan vanguardistas como proclamaban.

Frente a la música de Rameau, lógica, intelectual y fundada en la armonía, se levanta la voz de Rousseau para defender la sencillez de la melodía italiana. Como él mismo señala en su obra *Essai sur l'origine des langues* (Rousseau, 1995), en el origen no había más música que la melodía:

> ni otra melodía que no fuera el sonido variado de la palabra; los acentos formaban el canto, los cantos formaban el compás, y se hablaba tanto por medio de los sonidos y por el ritmo como por las articulaciones y las voces. Decir y cantar eran antaño la misma cosa, dice Estrabón; lo que muestra que la poesía es la fuente de la elocuencia. Habría que decir que una y otra vienen de la misma fuente, y al principio fueron una sola cosa (Rousseau, 1995: 411).

Aun sabiendo hoy en día que el filósofo se equivocaba y que no se usan los mismos sistemas para hablar o cantar, la cuestión lingüística cobra una gran importancia en su pensamiento y conviene recordarla y revisarla.

En primer lugar, es menester señalar que Rousseau comenzó a escribir sobre música con anterioridad a las disputas que tuvieron lugar en 1752. En particular, su incursión en este terreno tiene un objetivo pedagógico. Así, en su *Projet concernant de nouveaux signes pour la musique* (1742) se declara orgulloso de haber fundado un nuevo sistema para facilitar el aprendizaje del solfeo. Su modelo de enseñanza se basa en la introducción de una serie de signos que ocuparían menos espacio y resultarían menos engorrosos para aprender a leer la música. Rousseau pone el acento en la facilidad de su método, sobre todo para aquellos que no saben música (Rousseau, 1995: 130). Igualmente escribe sobre la ópera en Francia y en Italia. Resulta cuando menos sorprendente que diez años antes de la disputa de los bufones abogara por la música francesa y por la importancia que en ella tenía la presencia de lo maravilloso.

En los años cincuenta del siglo XVIII, Rousseau también se adentra en el terreno de la composición. Casi coincidiendo con las disputas de esa década y con su defensa de la música italiana frente a la francesa, compone su ópera *Le devin du village* (1752), subtitulada «Intermedio». Llama la atención que no componga una ópera innovadora. Su música es una continuación de la estética clásica del siglo anterior. La partitura contiene pastorales francesas, escenas campesinas, melodías populares, vodeviles, pantomimas y piezas instrumentales con aires y danzas tradicionales. Lejos de sus propias teorías, el Rousseau compositor estaría más cerca del clásico Lully y de su ópera-*ballet* que de los intermedios realistas italianos que tanto admiraba. Resulta asimismo sorprendente que compusiera una ópera semejante inmediatamente después de su famosa misiva *Lettre sur la musique française* (1995) en la que sostiene que los franceses no pueden tener una verdadera música porque su lengua no tiene nada de musical. A ese respecto, Enrico Fubini señala que las teorías sobre la música que expone Rousseau a lo largo de la segunda mitad del siglo no tienen nada que ver con lo que anhelaba expresar en sus composiciones. Este autor insiste en el hecho de que los escritores nos ofrecen a menudo una falsa imagen de la música en el siglo XVIII. Rousseau no sería una excepción, dado que dio prioridad a los criterios ideológicos en detrimento de la música (Fubini, 2002: 104).

La *Querelle des Bouffons* se convierte en una lucha entre los defensores de la melodía y los partidarios de la armonía. Rousseau estima que la melodía, como ocurre en la pintura, marca los rasgos y las figuras. Por el contrario, los acordes solo serían los colores. Rameau defiende la armonía dado que, según su criterio, es el único medio artístico de mover las pasiones. La melodía no sería nada sin la armonía ya que su fuerza le viene directamente de la verticalidad. Serán las tesis de Rousseau las que triunfen en la segunda mitad del siglo XVIII. Asistimos, de esta manera, al éxito de la llamada nueva sensibilidad que el filósofo defenderá ardientemente dejando fuera de ella la representación de las emociones que, recordemos, según Rameau, también genera la armonía.

Por encima de otras consideraciones, la *Lettre sur la musique française* se convierte en una reflexión que podríamos calificar de lingüística. Rousseau afirma que la lengua no es una entidad inamovible o eterna, sino una entidad que cambia según las culturas. Esta idea está en consonancia con la reflexión que hace sobre los orígenes de la especie humana. Habla del «canto originario» porque piensa que los seres humanos cantaron antes de hablar. Para él, la música vocal sería la lengua originaria, una lengua distinta de la lengua articulada que nos aleja de las emociones, de las pasiones y de la naturaleza. La sofisticación de las lenguas articuladas simboliza para el filósofo el lenguaje degenerado de la razón. De esta forma, Rousseau, al igual que Diderot y Condillac, defiende la idea de una poeticidad originaria del lenguaje. En su obra *Essai sur l'origine des langues,* Rousseau elabora un mito de los orígenes concluyendo que la capacidad expresiva del ser humano ha sufrido un lento proceso de debilitamiento y de corrupción. Belinda Cannone (1998: 13) establece las diferencias existentes entre este texto de Rousseau y otra gran obra que trata el mismo tema: *Essai sur l'origine des connaissances humaines* de Condillac (1822). A diferencia de este filósofo empirista de la Ilustración, Rousseau opina que los seres humanos vivían aislados y no tenían ninguna necesidad de servirse de un lenguaje. En efecto, en el capítulo segundo de su ensayo sobre los orígenes de las lenguas, Rousseau niega que los seres humanos hayan inventado la palabra para expresar sus necesidades físicas, al contrario, sostiene que el efecto natural de las primeras necesidades conllevó un alejamiento entre ellos. Para Rousseau, el lenguaje nace de las necesidades morales y sentimentales como el amor, la piedad, el odio, la cólera. Estas necesidades son las que generaron las primeras voces que no fueron metódicas, sino apasionadas. Condillac, más empirista que Rousseau, defiende que gracias a las necesidades físicas los seres humanos comenzaron a interesarse por su mundo interior. Lo cierto es que, en realidad, ambos participan de una misma idea con relación a los orígenes del lenguaje. Como subraya Cannone:

> Que se considere, como Condillac, que la lengua se ha perfeccionado, o como Rousseau y un buen número de musicógrafos de la segunda mitad del siglo, que ha degenerado, lo que permanece es la idea que decir y cantar fueron antaño la misma cosa y que la distinción lengua/canto está subordinada a la dicotomía necesidad/deseo (Cannone, 1998: 13).

Por su lado, Fubini (2002) piensa que cuando Condillac afirma que el lenguaje de la acción, el lenguaje primitivo, englobaba a la música, entra en contradicción con los orígenes puramente utilitaristas del lenguaje. Este especialista en la estética de la música tilda de «apasionante» el debate sobre esa cuestión lingüística, si bien matiza que se trata de un tema que la Ilustración no fue capaz de resolver. No obstante, la parte positiva de esos debates consiste en oponer al ideal racionalista puro una idea, también ilustrada, de la música como catalizadora de las pasiones. En definitiva, se trataría del descubrimiento de lo irracional y de sus lazos con las expresiones artísticas en las que ya se incluía a la música (Fubini, 2002: 115).

La idea de la música como lengua de las pasiones se convertirá en el eje central de uno de los textos capitales de Rousseau en el que reflexiona sobre la música vocal. Me estoy refiriendo a la ya citada *Lettre sur la musique française* (Rousseau, 1995). En efecto, en esta carta, el filósofo expresa, en tono provocador, la idea de que los franceses no poseen una lengua apta para la música vocal porque no es natural. Rousseau considera que hay unas lenguas que son más naturales que otras como, por ejemplo, la italiana. Según su parecer, la lengua francesa está llena de falsa belleza muy alejada de lo espontáneo. Se trata de una música creada por compositores que únicamente conciben arreglos armónicos que genera una belleza convencional (Rousseau, 1995: 293). De este modo, dada la ausencia de la melodía y la prevalencia de la armonía, la música francesa no es más que ruido. Por el contrario, el italiano es la lengua europea más adaptada para la música dado que es «suave, sonora, armoniosa y acentúa como ninguna otra lengua lo hace» (Rousseau, 1995: 297). En consecuencia, concluye, de manera un tanto provocadora, que, en ausencia de todas esas cualidades, la unión de música y palabra en el canto francés se transforma en un «ladrido perpetuo, insoportable para el oído» (Rousseau, 1995: 328).

Cabe matizar, sin embargo, que la carta de Rousseau sobre la música francesa prolonga, en cierta medida, la subordinación de la música frente a la palabra. Rousseau otorga una importancia notoria a la voz, la cual no es solo la lengua que canta, sino la voz de la naturaleza, la voz interior. No obstante, Rousseau sostiene que, para expresar toda la belleza de la música, hay que buscar una lengua articulada. Cuanto más melódica sea esa lengua articulada mejor expresará la pura belleza musical, la belleza más alejada de lo convencional. A fin de cuentas, lo que él propone es alejarse lo más posible de las lenguas articuladas que más han evolucionado, las más frías, las menos expresivas, con el fin de buscar aquellas que no se han desviado tanto del canto original, de la lengua primera. En su defensa de la música vocal, Rousseau sostiene, por lo tanto, que la música sin un lenguaje articulado expresivo se convertiría en un sinfín de arabescos insignificantes. En base a esta concepción estética, desarrollará, en su enfrentamiento con Rameau, su famosa teoría de la unidad de la melodía: la música debe cantar para conmover a los oyentes y solo la melodía es capaz de hacerlo con coherencia. Por el contrario, la armonía, tal y como la entendía Rameau, es, a juicio de Rousseau, algo confuso puesto que comporta un conjunto de voces que es difícil de seguir. De este modo, escribe:

> Para que la música sea interesante, para que haga llegar hasta el alma los sentimientos que se desean estimular, es preciso que todas las partes se unan para fortificar la expresión del tema; que la armonía solo sirva para hacerla más enérgica; que el acompañamiento la embellezca, sin ocultarla ni desfigurarla [...] que su totalidad solo haga llegar hasta el oído una melodía a la vez y una sola idea a la mente (Rousseau, 1995: 305).

Rousseau reprocha a Rameau su apego a la ciencia y su anhelo de querer crear obras de arte sirviéndose de artificios armónicos alejados de la naturaleza y de la sensibilidad. Incluso en las composiciones vocales de Rameau, habría, según el criterio de Rousseau, cierta corrupción propiciada por un deseo de refinamiento muy alejado de los sentimientos. A pesar de las respuestas de Rameau indicándole que la armonía y la melodía son inseparables, Rousseau persistió en la defensa de su teoría en la que, como hemos visto, la verdadera música y las emociones estarían ligadas únicamente a la melodía. Esta superioridad ontológica de la melodía, la voz y el texto, supone, como apunta Fubini, una vuelta de Rousseau a categorías estéticas del racionalismo. Se trata realmente de una paradoja que no se corresponde con la evolución de la música en la segunda mitad del siglo XVIII cuando los conceptos de monodia acompañada, de bajo continuo, etc., estaban cediendo su lugar a la nueva música instrumental, sinfónica o de cámara, en la que la autonomía de todas las partes busca una unidad puramente musical (Fubini, 2002: 116-117).

No obstante, las reflexiones del filósofo tienen un alcance importante. A pesar de sus contradicciones o desfases, Rousseau contribuyó al desarrollo de la estética romántica futura, sobre todo en lo que atañe a su noción emotiva del arte. Será Diderot, como veremos más adelante, quien conciba la música más allá de la idea originaria de la unión de música y lenguaje. Sus reflexiones sobre la asemanticidad de la música instrumental y los efectos turbulentos que esta crea en el ser humano, será de vital importancia en la estética musical de la Ilustración. Por el momento, veamos de qué manera Rousseau transmite sus teorías musicales por medio de la literatura.

Autobiografía y música: *Les Confessions*

La obra autobiográfica de Rousseau *Les Confessions* (Rousseau, 1959), cuyo objetivo es mostrar su «Yo» con toda sinceridad, contiene amplios pasajes dedicados a la música. A través de sus páginas, podemos descubrir la personalidad del filósofo-escritor que disfrutaba y practicaba ese arte: el niño fascinado por la voz femenina de la tía Suzon, el encuentro con Madame de Warens, su oficio de compositor, el vínculo entre música y naturaleza, etc. Su escritura de la confidencia es muy melódica y plena de ensoñaciones, especialmente cuando evoca los espacios donde tienen lugar los conciertos en los que estaba presente o participaba con sus composiciones: Annecy, Venecia u otras ciudades. En su afán de sinceridad, Rousseau incluye igualmente referencias a sus competencias en materia musical, no oculta las críticas recibidas a este respecto a la vez que defiende sus capacidades como compositor. En definitiva, en muchas de las páginas de este libro que desvela su yo íntimo, la música adquiere un protagonismo claro. Es posible seguir una cronología musical de toda la vida de Rousseau estudiando *Les Confessions,* como han hecho Anacleto Ferrer y Manuel Hamerlinck en la introducción a la versión en español de los *Escritos sobre música* de Rousseau (Ferrer y Hamerlinck, 2007: 51-78). Por mi parte, a continuación, solo me referiré brevemente a algunos pasajes en los que Rousseau narra sus primeras experiencias musicales y a las evocaciones que realiza sobre su experiencia como compositor. Igualmente, señalaré cómo introduce en esta obra autobiográfica sus ideas sobre la música.

Desde las primeras páginas de *Les Confessions,* Rousseau asocia la música a los momentos felices de su infancia. Cultivando la memoria, el adulto rememora la bondad y el clima protector que reinaba en su familia. Rousseau no duda en atribuir su pasión por la música a su tía Suzon. Como él mismo expresa:

> Estoy convencido de que le debo el gusto o más bien la pasión por la música que no se desarrolló en mí hasta mucho más tarde [...]. La atracción por su canto fue tal que no solamente muchas de sus

> canciones han permanecido en mi memoria, sino que incluso hoy vuelven a mí cuando la he perdido y que, totalmente olvidadas desde mi infancia, las recuerdo a medida que envejezco, con un encanto que no me es posible expresar. ¿Se podría decir que yo, un viejo chocho, roído por las preocupaciones y las penas me sorprendo a veces a mí mismo llorando como un niño mascullando esas canciones con una voz ya rota y temblorosa? (Rousseau, 1959: 11).

La música permanece viva en la frágil memoria del anciano escritor. No se ha borrado como otros acontecimientos de su vida porque le recuerda un universo de plena felicidad. Rousseau no recobra los momentos felices de su existencia con reflexiones racionales, sino a través de la melodía que emana directamente de las emociones. Por eso «Tircis», la canción que su tía le cantaba y que recuerda casi en su totalidad, se convierte en un motivo de reflexión acerca de los sentimientos que despierta la música: «Busco dónde se encuentra el tierno encanto que mi corazón experimenta con esta canción, se trata de un capricho del que no entiendo nada; pero me resulta totalmente imposible cantarla hasta el final porque me detiene el llanto» (Rousseau, 1959: 11-12).

Salvo algunas nociones de música adquiridas en el seminario de Annecy, Rousseau no posee en su juventud un gran conocimiento musical. A ese respecto, uno de los episodios más importantes de *Les Confessions* se encuentra en el «Libro Cuarto» que corresponde a los años 1730 y 1731. En él hace referencia a un concierto que, como aficionado a la música, organizó en Lausana. Según Béatrice Didier, este episodio es la perfecta antítesis de la evocación a la música cuando hablaba de su tía Suzon. Sería más bien, señala esta autora, «la perfecta ilustración del otro polo que tiene la música en *Les Confessions:* el polo de la locura, del delirio» (Didier, 1985: 379). En efecto, en esas páginas llenas de sinceridad, Rousseau narra cómo se inventó un doble, un joven que se hace pasar por maestro de canto cuando en realidad no sabía leer música. Incluso más, su extravagancia le conduce a decir que es un auténtico compositor:

> Habiendo sido presentado al señor de Treytorens, profesor de Derecho, al que le gustaba la música y organizaba conciertos en su casa, quise darle una prueba de mi talento y me puse a componer tan descaradamente una obra para su concierto, como si hubiese conocido perfectamente el campo de la composición (Rousseau, 1959: 148).

El resultado no pudo ser más desastroso. Durante la ejecución de la «obra» del filósofo, el alboroto entre el público fue incesante. Así comenzó la carrera musical del escritor que más tarde se convertirá en el gran defensor de la melodía. Se jacta de su hazaña compositiva cuando en esos momentos no era capaz ni siquiera de leer una partitura. Desde un punto de vista autobiográfico, se puede decir que las primeras experiencias musicales de Rousseau le permiten volver a su pasado, trabaja la memoria auditiva para recuperar y revivir los momentos más felices de su infancia. Como enuncia Lecarme, refiriéndose a la recuperación del yo en Rousseau, la música es la forma más sensible del tiempo puesto que «implica a la vez una cierta pérdida de una memoria ya para siempre llena de lagunas, y un sentimiento invencible a todo razonamiento» (Lecarme, 1999: 161). Ese sentimiento estará también presente cuando Rousseau evoque sus primeras experiencias ya como compositor. Su verdadera formación musical tiene lugar durante los años 1735-1739, durante ese periodo de su juventud vivió en Les Charmettes, la casa que su mentora y amante Madame de Warens poseía en Saboya. Rousseau aprendió la teoría musical dando clases de música. Aun así, era consciente de las dificultades que tenía para leer debidamente las notas, de tal forma que, en un afán pedagógico, se plantea por primera vez en su vida crear un método sencillo para la lectura musical. Su idea consistía en cambiar las notas por números. Como enfatiza en la primera parte de su obra autobiográfica:

> Examinando la constitución de los signos, muy a menudo los encontraba muy mal inventados. Hacía tiempo que había pensado en anotar la escala utilizando cifras con el fin de evitar tener que trazar siempre líneas y pentagramas cuando había que escribir la más pequeña melodía (Rousseau, 1959: 271-272).

Con esa idea que se concretizará más adelante en el libro *Projet concernant des nouveaux signes pour la musique* (1742), Rousseau abandona la tranquila vida en Saboya y se instala en París.

En la capital francesa, Rousseau sigue soñando con ser compositor y escribir una ópera innovadora ya que cree estar más capacitado para esa tarea que los músicos que triunfan en París. En *Les Confessions* podemos leer que durante uno de sus frecuentes ataques de pleuresía y afectado por una fuerte fiebre imagina su nueva música:

> Los motivos de música y ópera volvieron a rondarme durante mi enfermedad y en mis delirios febriles componía cantos, dúos y coros. Estoy seguro de haber compuesto dos o tres piezas de *prima intenzione* dignos, tal vez, de ser admirados por los maestros si

hubieran podido escucharlos interpretados. ¡Ah! Si se pudiesen plasmar por escrito los sueños de una persona afectada por la fiebre, cuán grandes y sublimes cosas se verían a veces emerger de su delirio (Rousseau, 1959: 224).

En su obra autobiográfica, el escritor expone su forma de imaginar la música. Su máximo interés consiste en mostrar al lector que su inspiración es natural, alejada de reflexiones abstractas. Rousseau se convierte en una especie de genio creador puro. Más que teórica, su manera de concebir la creación se basa en los impulsos espontáneos del corazón. Así, concibe el nacimiento de su ópera *Les muses galantes* (1745), una suerte de *ballet* heroico en tres actos independientes con música adaptada a las diferentes maneras de tratar el tema del amor en Taso, Ovidio y Anacreonte. Rousseau, motivado por su amor hacia la princesa de Ferrara, relata su inspiración:

> Una noche, cuando iba a entrar en la Opera, me sentí atormentado, dominado por mis ideas, volví a meter el dinero en el bolsillo y corrí a encerrarme en mi casa; me metí en la cama, después de haber cerrado bien las cortinas para impedir que entrara la luz, y allí, entregándome a toda la inspiración poética y musical, compuse rápidamente en seis o siete horas la mejor parte de mi acto (Rousseau, 1959: 294).

Además de concebir una prosa muy musical, cuando Rousseau habla en su autobiografía de la música lo hace para mostrar cómo las composiciones que imagina son el fruto de momentos de ensoñación. Su sensibilidad musical es completamente emotiva. El yo rousseauniano que cae en el éxtasis de la creación se aísla del mundo, se comunica con la totalidad del universo y profundiza en el conocimiento de sí mismo. El ensueño refuerza la creación espontánea que implica el abandono del control racional de los sentidos, dejando aflorar la sensibilidad. Así, surge la creación musical en Rousseau. Este ejercicio de la subjetividad en libertad ya se asemeja al proceso creador de los músicos románticos posteriores. Un ejemplo de este quehacer aparece también en la segunda parte de *Les Confessions.* Durante un viaje a Venecia escribe sobre una música imaginada. En un ejercicio que hoy podríamos calificar de intertextual, Rousseau nos ofrece las claves de sus ensoñaciones musicales. Estas se enriquecen con la música real de una ópera italiana a la que asiste en el teatro San Crisóstomo. Solo, encerrado en su palco, se deja llevar por el goce de la música. No obstante, dada la larga duración del espectáculo, se adormece, y en ese estado de duermevela crea una partitura cuya pieza final acaba por despertarle. Rousseau entra en éxtasis, como si estuviera en el paraíso, y anhela poseer esa aria operística con texto en lengua italiana, «Conservami la bella / Che si m'accende il cor». Pero a pesar de haberlo escrito para ser tocado, sostiene que nunca una interpretación igualará a la obra que escuchó mentalmente:

> Quise poseer ese trozo, lo conseguí, y durante largo tiempo lo he guardado; pero mejor lo he conservado en mi memoria que en el papel. Se trataba de las mismas notas, pero no era lo mismo. Nunca esa aria divina puede ser ejecutada como lo fue en mi mente el día en que me despertó (Rousseau, 1959: 314).

Evidentemente Rousseau no idealiza la música francesa, sino que imagina una ópera melódica en italiano, la música de la pasión, la música por excelencia, la que otorga una prioridad absoluta a la melodía. Con su obra autobiográfica aprendemos que es justamente en esos momentos de su vida, es decir, entre 1742 y 1744, cuando se da cuenta de que, según su criterio, el canto francés no es más que un «ladrido perpetuo». Para Rousseau, la finalidad de una obra musical consiste más en la emoción que en el placer que produce. De vuelta a París, tras su apasionante viaje italiano, compone su ópera *Les muses galantes.* En esa misma época se ve con Diderot, conoce a Grimm y redacta varios artículos sobre música para la *Enciclopedia.*

En definitiva, para Rousseau la música supone un medio para expresar la subjetividad, por eso la evoca insistentemente en su texto autobiográfico. Su relato vital sobre sus ensoñaciones musicales es un antídoto que le protege de los difíciles momentos de la vida en sociedad. Recordemos que la serie de contratiempos en su vida profesional comenzó cuando se convirtió en un escritor reconocido. La música jugará un papel determinante en su autoterapia frente al enorme peso de la civilización. Así ocurre cuando evoca su otra ópera, *Le devin du village,* un canto al amor en el sencillo mundo rural con el que Rousseau busca emocionar al público. Él mismo confiesa que lloraba de emoción cada vez que esta obra se representaba (Rousseau, 1959: 379). A pesar de lograr que se estrenara en la corte y fuera todo un éxito, Rousseau insiste en que lo importante no es la apariencia, sino la sencillez, incluso en el vestir. Su vocación es pedagógica, es decir, enseñar al público que la naturalidad es más valiosa que la sofisticación de la corte. Rousseau elimina toda alusión a los aspectos técnicos de la composición de esta ópera. Por el contrario, se esmera en hablar de ella utilizando una prosa poética e insistiendo en el recuerdo de las sensaciones naturales que le produce la música. A través de este relato autobiográfico, Rousseau busca su propia arcadia. En lo referente a la música, el escritor revive los momentos felices que le procuró este arte tanto en su infancia como en su época adulta. Las ensoñaciones musicales son una constante en su deseo de evadirse de la sociedad. Pero también se refiere a su pensamiento estético relativo a la melodía para recordar su triunfo en la sociedad como compositor. Finalmente, cabe destacar que, al igual que la técnica del recitativo que tanto le apasionaba, y que practicó con notable acierto (Rousseau, 1959: 376), su prosa tiende a la musicalidad. Como la música misma que él defiende, la escritura del yo íntimo es un medio para *decirse* con sinceridad y naturalidad. En su novela *La nouvelle Héloïse,* a la que me referiré a continuación, Rousseau dejará igualmente constancia de algunas ideas clave sobre su gusto por la música italiana cantada, su fe absoluta en la naturaleza y su desconfianza en la civilización.

La nouvelle Héloïse: una sinfonía de las pasiones

En su gran obra de ficción, *La nouvelle Héloïse,* inspirada en los amores de Eloísa y Abelardo, Rousseau se refiere brevemente a la música. En 1761 publica esta novela epistolar con la que pretende alcanzar la felicidad, aunque solo fuera imaginaria, que la vida le negaba. La escritura de esta extensa obra corresponde al periodo que pasó en el «Ermitage» alejado del mundo, viviendo en armonía con la naturaleza. En ese marco, Rousseau está sumido en un estado melancólico debido a una crisis existencial. Por esa razón, intenta recuperar el tiempo perdido. Rousseau es consciente de que la vida fluye con rapidez. Con la edad siente el declive físico. El miedo a la muerte le produce una angustia infinita. Con el fin de contrarrestar ese estado, inventa el personaje de Saint-Preux, el joven preceptor de origen humilde que instruye a Julie, una joven que pertenece a la nobleza. No es el momento de relatar aquí con detalle la pasión amorosa entre ellos, simplemente desearía mostrar hasta qué punto la presencia de la música, limitada a unas cuantas cartas, cobra una importancia notoria para expresar las pasiones de los personajes separados por su pertenencia a distintas clases sociales.

Primeramente, conviene subrayar que, como ya ocurría en su obra autobiográfica, la prosa rousseauniana se convierte en una verdadera sinfonía que acompaña la expresión de las pasiones. La escritura de Rousseau se armoniza con el marco natural donde tiene lugar la acción: los Alpes franceses. Mediante una larga y compleja sinfonía literaria, nuestro autor unifica varios discursos que representan la totalidad de sus ideas. Como apunta Lydia Vázquez, Rousseau no se limita únicamente en esta novela al tema del amor, sino que plantea otras cuestiones capitales, por ejemplo, la importancia de la naturaleza, la existencia de los prejuicios, la oposición entre la ciudad y el campo, así como la complejidad de la música (Vázquez, 2005: 42).

Si bien es cierto que la música no ocupa un gran espacio en la novela, aparece, sin embargo, como un vector de temas teóricos sobre la civilización y la naturaleza. A ese respecto, François Sabatier subraya que

> sin tener un papel determinante en la intriga, que por otra parte ilustra claramente las ideas clave de Rousseau, *La nouvelle Héloïse* acude a la música para variar los temas, distraer u ofrecer algunas

ilustraciones a las tesis generales que atañen a los jardines, a la vida doméstica o a la ética misma de la sociedad (Sabatier, 2004: 23).

Lo cierto es que la musicalidad estilística de la novela sirve, además de acompañar a la pasión amorosa, para debatir sobre las cuestiones de estética y teoría de la música que Rousseau defendió a lo largo de su vida. Así, en la carta XLV de la primera parte que Saint-Preux escribe a Julie, leemos cómo el joven tutor conoce a un caballero inglés, Milord Edouard, del que hace un retrato muy agudo. En las conversaciones entre ambos se aborda el tema de la música. Como buen francés, Saint-Preux se extraña de que el inglés posea un alma tan sensible y juzgue el arte musical más por los efectos que produce que por las reglas que lo rigen. En las discusiones entre ambos personajes ficcionales, no podía faltar la cuestión de la música italiana y su comparación con la francesa. En un momento dado, el caballero inglés toca el violoncelo acompañado por un virtuoso del violín y del canto que no es otro que su propio mayordomo. Saint-Preux piensa que las obras que interpretan son patéticas, pero al mismo tiempo el efecto que le causan, como le transmite a Julie en la carta, es una mezcla de agrado y extrañeza:

> pero, ya sea porque un acento tan nuevo para mí exigiera un oído más ejercitado, ya sea porque el encanto de la música, tan dulce en su melancolía, se convierta en una profunda tristeza, esas piezas me deleitaron poco; el canto me resultó agradable, en verdad, pero extraño en la expresión (Rousseau, 1967: 90).

Por medio de esas declaraciones, Saint-Preux se hace eco de los prejuicios que muestran los franceses del XVIII con respecto a la música sencilla. Probablemente, la música interpretada por el músico inglés y sus acompañantes se asemeje a la música italiana cuya melodía agradable prescindía de adornos sofisticados. En su estrategia epistolar, Rousseau defiende la fuerza que emana de esta música. Así, casi sin transición y en respuesta a una carta anterior, el filósofo nos presenta a un Saint-Preux completamente transformado y entusiasmado por la música italiana. Este personaje que finalmente sucumbe a la nueva sensibilidad cree que la causa de su fascinación por la nueva música es que le recuerda su pasión por Julie. Muy hábilmente, Rousseau asimila esta música a los éxtasis sentimentales. En la escena que nos describe, Saint-Preux se da cuenta de la fuerza y de los maravillosos efectos que produce la melodía italiana. Por el contrario, el resto de los oyentes, que sin duda encarnan el espíritu francés, como Monsieur de l'Orbe, duermen apaciblemente. Dirigiéndose a Julie, Saint-Preux expresa, en la carta XLVII, su fascinación por esta música en relación con el amor:

> He pasado la noche oyendo o tocando música italiana [...]. Aún no me atrevo a hablarte del efecto que me ha producido; tengo miedo, miedo de que la impresión de la cena de anoche se prolongara con lo que oía, miedo de que haya confundido el efecto de tu seducción con el encanto de la música (Rousseau, 1967: 84).

Aquí resuena la voz del filósofo Rousseau que participó en la *Querelle des Bouffons* para defender la música italiana. De la misma manera, en las palabras ardientes de Saint-Preux asoman las teorías que Rousseau expuso en la *Lettre sur la musique française.*

En la carta siguiente, la XLVIII, se exponen las polémicas sobre la música que a lo largo del siglo enfrentaron a compositores y filósofos. La posición de Rousseau sobre la estética que debe prevalecer está claramente formulada por Saint-Preux cuando este aconseja a Julie que queme toda la música francesa porque solo produce ruido y no tiene nada que ver con el lenguaje del corazón:

> Ay, mi Julie, ¡qué he estado escuchando! ¡Qué sonidos tan emotivos! ¡Qué música! ¡Qué fuente tan deliciosa de sentimientos y de placeres! No pierdas un solo instante; reúne escrupulosamente tus óperas, tus cantatas, tu música francesa, haz una gran hoguera, echa todo dentro y atiza el fuego con esmero a fin de que tanto hielo pueda arder y ofrecer calor al menos por una vez. Haz este sacrificio propiciatorio al dios del buen gusto para expiar tu crimen y el mío por haber profanado tu voz con esta pesada salmodia y por haber tomado durante tanto tiempo como lenguaje del corazón un ruido que lo único que hace es apelmazar el oído (Rousseau, 1967: 85).

En esta especie de autobiografía ficcional, Rousseau da cuenta de la evolución de su pensamiento sobre la música. Como ya he tenido ocasión de señalar con anterioridad, hasta 1752 Rousseau consideraba que la música italiana no era particularmente emotiva. Pensaba que se trataba de una música agradable pero inferior a la francesa, que le resultaba mucho más conmovedora. Los seductores sonidos de la música y de la ópera francesa serían capaces de llegar al corazón mientras que las arias de los italianos se limitarían a poner de relieve la voz para cautivar el oído.

Pero Rousseau cambió de opinión con respecto a la música francesa tan rápidamente como lo hace Saint-Preux en *La nouvelle Héloïse.* En cualquier caso, este giro radical no supuso ninguna modificación importante sobre su concepción de la música. Rousseau sigue defendiendo la sencillez frente a los artificios teóricos. Es muy probable que su preferencia por la música italiana provenga de la carta que en 1752 escribiera Grimm sobre *Omphale,* ópera tradicional francesa compuesta por André Cardinal Destouches. En esa misiva, el autor alemán criticaba la simpleza de la música, la pobreza de las variaciones y los contrasentidos del libreto y de la música. Por el contrario, Grimm sentía gran admiración por Rameau, compositor odiado por Rousseau. Este no tarda en replicar de manera anónima al escritor alemán. Lo expresado por Rousseau en su respuesta coincide totalmente con las ideas que el personaje de Saint-Preux defiende en la ficción, particularmente cuando se refiere al ruido insoportable de la ópera francesa, de la que Rameau es el gran representante. Así, Rousseau sostiene que Rameau hace orquestaciones confusas y muy recargadas y que es imposible aguantar el ruido tan estrepitoso y continuo de los instrumentos en las representaciones de sus óperas que, por otro lado, serían agradables si no aturdieran tanto al oído. Ese estruendo incesante impide que los espectadores estén atentos a lo que ocurre en escena o que puedan sentir lo que el compositor quiere expresar (Rousseau, 1995: 272-273).

Indudablemente, Rousseau, obsesionado por su «enemigo musical» Rameau, no reconoce la grandeza de las composiciones, instrumentales y operísticas, del gran maestro francés de la armonía. En esta novela, repite lo expresado reiteradamente en sus obras teóricas sobre la música. Hay que destacar, igualmente, que Rousseau tampoco conocía demasiado la música italiana que supuestamente admiraba por encima de todo. Cuando habla de la música transalpina, solo se refiere a la *opera buffa,* marcadamente melódica. Así, el arte encantador al que se refiere Saint-Preux sería una ópera despojada de la compleja armonía que impide que aflore la sencillez del canto no contaminado por la civilización. La música que triunfa en la novela es la que sin artificios llega directamente al alma. Por ello, Rousseau nos hace ver que, al principio, Saint-Preux vivía en el error, dado que hasta ese momento estaba plenamente convencido de que la auténtica música era la que halaga el oído. Cabe suponer que su personaje se sentía fascinado por las teorías de Rameau ya que, antes de su conversión gracias a lo aprendido con el lord inglés, solo creía en la fuerza mecánica y física de los acordes. Finalmente, se da cuenta de que los acentos de la melodía aplicados a los de la lengua poseen «el poder de agitar los corazones y que el enérgico cuadro de los movimientos del alma de quien se hace oír es lo que genera el verdadero encanto en los que escuchan» (Rousseau, 1967: 85).

Otro momento clave para entender el papel de la música en la novela, lo encontramos en las clases que el joven Saint-Preux recibe de un cantante que comparte las teorías de los filósofos defensores de la música como un arte de la sensibilidad. Rousseau reproduce las teorías que con tanto ardor sostuvo frente a los defensores de la música francesa. Así, con la escritura de esta novela durante su retiro en el Ermitage, el filósofo, en contacto con la naturaleza, se resarce con respecto a la vida real a través del sueño literario. En la novela vuelve a las obsesiones que experimentó en «el mundo civilizado». Como vimos, los bufones triunfaron con su teoría sobre la sencillez de la melodía y su capacidad de hablar directamente al corazón. De este modo, en *La nouvelle Héloïse,* la armonía está considerada como un accesorio alejado de la imitación, como un simple instrumento racional que no posee ninguna virtud para despertar las pasiones. A pesar de todo, Rousseau admite que la armonía es un instrumento necesario para asegurar las entonaciones y ser testigo de su justeza. Incluso puede contribuir a la gracia del canto. Sin embargo, la armonía jamás podrá competir con la fuerza invencible de los acentos apasionados que vehicula la melodía. Rousseau reitera así, en la que fue su gran novela, su fe en la sencillez, en la ingenuidad, y condena sin piedad a la música francesa porque en comparación con el arte italiano, superior al francés, no expresa nada. Por ese motivo, cuando Saint-Preux escucha la música italiana se ve embargado por una extraña voluptuosidad que le resulta difícil de explicar (Rousseau, 1967: 87).

Esta obra literaria de las «almas sensibles» muestra la vía de acceso a la subjetividad. En ese recorrido, la música tiene un protagonismo particular. De la misma manera que Diderot, Rousseau se aleja de la noción de imitación a la vez que amplía el concepto de naturaleza. Como señala Didier, la naturaleza designa «a la vez el mundo exterior y los sentimientos humanos y pone en entredicho la distinción entre objetividad y subjetividad» (Didier, 1985: 29). Ciertamente, la música imita a la naturaleza del ser humano, posee la capacidad de agradar, pero con Rousseau también adquiere una acepción sentimental. Los acordes, como los bellos colores, agradan a la vista, pero la melodía va más lejos ya que conduce hasta el corazón las emociones más inusitadas. Cuando en la ficción de Rousseau, Saint-Preux escribe sus impresiones acerca de la nueva música que le fascina, destaca de qué manera esta le produce una catarsis. Saint-Preux se refiere al «desorden de las pasiones violentas» que le hacen perder la noción de las ideas musicales, del canto o de las imitaciones, pues lo único que escucha son los sentimientos: dolor, desesperación, pasión, etc. Por medio de su personaje, Rousseau transmite su idea de que cuando la melodía está al servicio de la música se vive una pasión interior que no se puede experimentar cuando se escucha el canto francés. Por ello, Saint-Preux aconseja a Julie que cante canciones inspiradas por el sentimiento ya que son las únicas que pueden ser dignas para su voz y su buen corazón: «Abandona para siempre ese aburrido y lamentable canto francés que se asemeja más al grito de dolor que produce un cólico que a los sentimientos apasionados» (Rousseau, 1967: 88). Frente a ese canto francés asoma la melodía, íntimamente ligada a los impulsos del corazón y a la sencillez natural del canto. De esta manera, Rousseau rechaza el formalismo musical encarnado en el materialismo de Rameau. Asimismo, niega que los cuerpos sonoros que Rameau asocia a la idea física de vibración puedan generar significados musicales. Si la belleza de la armonía, en particular el modo menor, y de las disonancias solo puede ser apreciada por un oído cultivado, esto querría decir que no tiene nada que ver con la naturaleza. Solo sería una simple convención cultural.

En la carta VII de la quinta parte de *La nouvelle Héloïse*, Saint-Preux se dirige a Milord Edouard. En esa misiva, elogia la vida campestre, insistiendo en el hecho de que la voz de la naturaleza es capaz de ablandar los corazones salvajes. Saint-Preux se siente cautivado por los cantos corales de las vendimiadoras y por los romances cuyas letras son sencillas e ingenuas. Esos conciertos con voces femeninas le confirman su rechazo de los acordes propios de la armonía. Para él, no hay más armonía agradable que aquella que surge de las voces que cantan al unísono. «Si necesitamos los acordes, es porque tenemos un gusto depravado», escribe en su carta (Rousseau, 1967: 462). Así, la belleza de un simple sonido le parece el ejemplo más maravilloso de armonía. Todo pasa, pues, por la naturaleza. Las armonías complicadas y elaboradas no serían otra cosa que una modificación de las proporciones que ha establecido la naturaleza. Haciéndose eco del pensamiento de Rousseau, Saint-Preux considera que, cuando queremos mejorar lo que ha hecho la naturaleza, lo estropeamos todo. A tal efecto, la música francesa es un puro artificio, un producto nefasto de la civilización que tanto detestaba el filósofo. Por esa razón, alaba la naturalidad de la lengua y de la música italianas.

En la carta LII, Julie estudia el canto italiano con su maestro Refianino. Antes de interpretar un recitativo, lee octavas de Tasso o escenas de Metastasio. Cuando canta esos textos tiene la sensación de que sigue hablando o leyendo. Como ella escribe: «algo que seguramente no me ocurriría con el recitativo francés» (Rousseau, 1967: 94). Julie reproduce las teorías de Rousseau en lo que respecta al origen de las lenguas. Para el filósofo, la lengua italiana estaría mucho más cerca del «decir y cantar que antaño eran lo mismo», que incluye, como ya anotamos anteriormente, en su *Essai sur l'origine des langues* (Rousseau, 1995: 411). También se pueden encontrar en la novela otras formas de criticar la música francesa. Por ejemplo, cuando se censura a las instituciones que apoyan muchos espectáculos onerosos y mediocres. Esto sucede en la carta XXIII de la segunda parte, en la que Saint-Preux, de visita en París, le describe con gran profusión de detalles a Claire, prima de Julie, los grandiosos montajes que realiza l'Académie Royale de Musique y el gran número de personas que están al servicio de esa institución. Y todo para escuchar mugidos musicales y horribles gritos que resuenan en el teatro durante las representaciones, sin contar con unos decorados y efectos teatrales desmesurados. Saint-Preux habla de un alboroto infinito de instrumentos carentes de melodía que reflejan la falta de musicalidad que existe en Francia, un país donde «las voces son rudas y sin dulzura, las inflexiones son ásperas y fuertes y los sonidos están forzados y son cansinos» (Rousseau, 1967: 205).

Aunque la música no tenga una presencia constante en esta novela, cuando aparece lo hace como un vector de los temas teóricos que presidieron el pensamiento musical de Rousseau durante toda su vida. No sería justo concluir este análisis sin mencionar que la lengua utilizada por Rousseau en su novela es un fiel reflejo de las ideas sobre la emancipación del lenguaje que concibieron algunos escritores a finales del siglo XVIII. Tanto Rousseau como Diderot imaginan un lenguaje de la pasión que se caracteriza por el hecho de que el ritmo, el movimiento de las frases y las sonoridades no deben seguir las reglas del intelecto y producir una armonía formal, sino que han de concordarse con la intimidad subjetiva. De esta manera, «la verdadera armonía no solo se dirige al oído, sino también y prioritariamente al alma de la cual emana» (Diderot, 1996: 734). Con esa idea, y en ese contexto de reflexión sobre el lenguaje y la música, nació *La nouvelle Héloïse,* que, como declara Suzanne Bernard, «es una prosa musical, tan variada como armoniosa [...] capaz de evocar un paisaje como de sugerir un sentimiento que se dirigirá más bien a la sensibilidad» (Bernard, 1978: 29).

Denis Diderot: una poética musical

La única obra que Diderot dedicó exclusivamente a la música fue *Leçons de clavecin et principes d'harmonie* (1771). En realidad, el texto estaba firmado por el compositor Anton Bemetzrieder, pero la redacción la hizo el propio Diderot. Se trata de un diálogo a tres, como las notas de un acorde perfecto, en el que participan Diderot, su hija Angélique y un profesor de clavecín. El libro está dedicado al estudio de las leyes de la creación estética. Pero el hecho de que solo escribiera esta obra consagrada a temas estrictamente musicales, no es óbice para que la música esté siempre presente en casi todos sus escritos. Para Diderot, la música es el arte por excelencia y se encuentra en el origen de las otras formas artísticas desarrolladas por el ser humano. A lo largo de sus estudios filosóficos y estéticos, al igual que en algunas de sus obras literarias, su reflexión relacionada con la música se centra particularmente en el problema de la mímesis. Adelantándose a la estética romántica, considera que la sugestión es más fuerte que la expresión. Para él, la música potencia la subjetividad como ningún otro arte. En este aspecto, irá más lejos que Rousseau puesto que defenderá sin paliativos la autonomía de la música instrumental mucho más evocativa que la vocal porque no está limitada por el sentido de la palabra. Veamos someramente algunos aspectos de su evolución.

Durante su juventud, Diderot se interesó sobre todo por los aspectos formales y matemáticos de la música. En los *Principes généraux d'acoustique*, obra que forma parte de *Mémoires sur différents sujets de mathématiques*, Diderot reflexiona acerca de las normas eternas e inmutables de la belleza. Influenciado por las obras teóricas del compositor Rameau, concibe lo bello y el placer estético en términos de percepción de las relaciones. Así, el placer de la música consiste en la percepción de las relaciones entre los sonidos. Se trata de una teoría que defiende la convergencia de la experiencia sensible con los datos físico-matemáticos. Diderot la formula como sigue:

> En general, el placer consiste en la percepción de las relaciones: este principio se da en la poesía, en la pintura, en la arquitectura, en la moral, en todas las artes y las ciencias. Una hermosa máquina, un bello cuadro o un bello pórtico solo nos agradan por las relaciones que observamos en ellos. ¿No se puede decir que ocurre los mismo con una bella vida o con un hermoso concierto? (Diderot, 1875: 104).

De acuerdo con esta teoría de la percepción de las relaciones, el objeto estético se sometería a las mismas leyes que rigen en la naturaleza. El oído y la razón se armonizan, el arte sería pura objetividad. En ese sentido, Diderot seguiría, en parte, a Rameau, dado que este compositor sostiene que la armonía es universal.

En el *Traité du beau* (Diderot, 1996: 81-112) y en el artículo «Beau» de la *Enciclopedia,* Diderot ahondará aún más en la idea de las relaciones, pero también introducirá elementos nuevos que la matizan. Siguiendo a Hutcheson y al abate André, entre otros, Diderot se centra en la reflexión del «sentido interno de la belleza» (Diderot, 1996: 87), diferenciando dos tipos de relaciones: las relaciones internas al objeto estético y las que este tiene en relación con el objeto imitado. El filósofo se refiere a lo «bello real» y a lo «bello relativo». Así, en el primer caso, Diderot habla de los objetos que poseen la capacidad de la belleza, aquellos que despiertan en nosotros un placer sin necesidad de compararlos con otros. Es decir, aquellos objetos que tienen una cualidad tan inherente que son capaces de mostrar la belleza por sí misma, «sin ninguna relación con el alma que la ve o la juzga» (Diderot, 1996: 87). Por el contrario, lo «bello relativo» alude a la belleza que el ser humano designa y connota porque en caso contrario no existiría. Según este criterio estético, la belleza no existe objetivamente por sí misma, hay que definirla de acuerdo con juicios estéticos externos. Lo «bello real» abre la posibilidad de una idea autónoma de la belleza. Esta se daría en la música pura, la que se aleja de la mímesis. En este caso, Diderot compartiría, pues, las concepciones armónicas de Rameau. Esa belleza procede de las características formales y estructurales del objeto. En esa noción de lo bello prima, por lo tanto, la inmanencia, la ausencia de referencias a criterios externos. Como sostiene en el anexo a la *Lettre sur les sourds et muets:*

> Un bello cuadro, un poema, una bella música solo nos agradan por las relaciones que percibimos en ellos [...]. Recuerdo haber hecho en otra parte una feliz aplicación de esos principios a los fenómenos más delicados de la música; creo que lo abarcan todo (Diderot, 1996: 58).

Pero Diderot no está totalmente satisfecho con esta estética basada solo en criterios formales dado que «es la indeterminación de esas relaciones, la facilidad para captarlas y el placer que acompaña a su percepción, lo que nos permite imaginar que lo "bello" era más bien una cuestión de sentimiento que de razón» (Diderot, 1996: 100). Por ello, también se concentrará en las conexiones que el objeto mantiene con el mundo. De esta manera, basará igualmente los juicios estéticos en perspectivas externas.

En la *Lettre sur les sourds et muets* Diderot definirá con más claridad la teoría de la percepción objetiva de las relaciones y de la subjetividad. Como ya vimos, especialmente en el caso de Rousseau, el problema de los orígenes del lenguaje fue un tema central en el pensamiento de los filósofos y escritores del siglo XVIII francés. Cuando Diderot escribe su carta sobre los sordomudos, parte de un problema lingüístico para más adelante ayudarnos a comprender mejor el problema estético y musical que plantea. Es apropiado recordar aquí que, de manera general, Diderot estaría de acuerdo con Batteux y Condillac en lo referente a los orígenes comunes de la música y del lenguaje. También comparte la teoría de Rousseau sobre la revalorización del lenguaje primitivo, cuya fuerza expresiva y comunicativa se fue disipando en las lenguas analíticas modernas más aptas para transmitir conceptos que las pasiones o los sentimientos. Independientemente de temas como lo sublime, el clavecín del padre Castel, el genio de las lenguas, etc., tratados en esa obra, lo que nos interesa mostrar sucintamente es su concepción poética del arte musical. En la *Lettre*, Diderot opone el lenguaje de la ciencia y el lenguaje artístico. En el mismo sentido habla de «armonía de estilo» y «armonía musical» (Diderot, 1996: 33). En el estilo, para decir algo fuera de lo común, sería preciso alterar la armonía. Lo mismo ocurriría en la música. Se ha de desviar el oído para contentar la imaginación. El filósofo considera que hay que ir más allá del simple encadenamiento de los términos y del pensamiento para penetrar en el corazón de la pura expresión. Distingue en el discurso lo que corresponde al pensamiento y lo que pertenece a la expresión, puesto que

> si el pensamiento está expresado con claridad, pureza y precisión, es suficiente para la conversación corriente: si a esas cualidades añadimos la elección de los términos, con el número y la armonía del periodo, tendremos el estilo propio de la cátedra; pero estaríamos aún lejos de la poesía (Diderot, 1996: 34).

Entonces ¿qué entiende Diderot por poesía? Aquí es donde plantea la interesante idea del jeroglífico. La poesía no sería únicamente un encadenamiento de términos «enérgicos que exponen el pensamiento con fuerza y nobleza», sino, subraya, «un tejido de jeroglíficos» que estarían superpuestos. Estos definirían la poesía, porque toda poesía es «emblemática» (Diderot, 1996: 34). De esta forma, Diderot, mucho antes que Baudelaire o Mallarmé, nos sitúa, sin duda, en el centro de un bosque de símbolos donde se encuentra la «belleza» del arte. La música se adaptaría perfectamente y de manera privilegiada a esta concepción de la obra de arte. Al igual que Mallarmé, Diderot contempla la idea de «jeroglífico silábico» (Diderot, 1996: 409) que se introduce en el lenguaje para definir la poeticidad. Ese jeroglífico accidental requiere para ser comprendido el desarrollo de una imaginación fuera de lo común. Esto atañe todavía más a la música que a las artes más imitativas puesto que en ella prima la sensación. El filósofo propone una escucha sensorial. Cuanto más difuso sea el jeroglífico, más placer se obtendrá de la audición. De esta manera, el jeroglífico musical es, afirma,

> tan ligero y fugitivo, es tan fácil perderlo o malinterpretarlo, que el más hermoso extracto de una sinfonía no causaría un gran efecto, si el placer infalible y experimentado de la sensación pura y simple no estuviera infinitamente por encima del de la expresión a veces equívoca (Diderot, 1996: 60).

Diderot insiste en el hecho de que la música es mucho más difícil de descifrar que la pintura o la poesía, al mismo tiempo que es capaz de dejar una fuerte impresión en el que la escucha porque tiene unos efectos inconscientes y prelógicos (Diderot, 1996: 60).

Por otro lado, también matiza a Rameau revisando la cuestión de la universalidad, pues estima que el gusto musical es cultural y que varía en el espacio y el tiempo. Diderot tiene en cuenta a los oyentes que valoran la obra de arte musical de acuerdo con su cultura y educación. Como él mismo escribe:

> Entonces, si la melodía y la armonía multiplican las relaciones en una obra musical, de manera que solo un oído muy ejercitado pueda comprenderlas, únicamente esta obra sería degustada por un pequeño número de personas que posean en el oído una aptitud y discernimiento proporcionado a la multitud de relaciones, de esta forma, se podrá constatar cómo el canto de los bárbaros sería demasiado sencillo para nosotros, y el nuestro demasiado complejo para ellos (Diderot, 1875: 85).

Si para Diderot la percepción de las relaciones es el fundamento de la belleza, su captación también depende de la percepción y de la determinación subjetiva. Sin negar su vinculación con Rameau, el filósofo deja un espacio abierto al papel que tienen las emociones y los sentimientos en la música, tanto en la música cantada como en la instrumental. Así, escuchar música no es solo una actividad intelectual debida al conocimiento de la materia, pues también se pueden discernir las relaciones, las disonancias o las consonancias sin conocer su funcionamiento teórico. Se pueden percibir las relaciones por una percepción debida al conocimiento o mediante los sentimientos, llegando a admitir que esta última manera es la más extendida.

En la medida en que Diderot se enfrenta a las teorías estéticas de su tiempo se va apartando del concepto de imitación. No obstante, no logra deshacerse de él por completo. Como indica Béatrice Didier, el hecho de que se mantenga fiel a la teoría de la imitación no supone «una verdadera contradicción, sino más bien una señal de la incomodidad en la que esta noción pone a los enciclopedistas y de su no atrevimiento a deshacerse de ella» (Didier, 1985: 23). En efecto, a pesar de que Diderot anticipa la noción del arte autónomo basado en una estética con tintes científicos, él mismo no llegará a estar totalmente convencido de la perfección de una teoría matemática capaz de devolvernos la belleza en toda su dimensión. Por esa razón, desarrolla una teoría que rompe con el círculo cerrado de la inmanencia para dar igualmente paso al estudio de las relaciones que existen entre el objeto artístico y el mundo. Por otra parte, como acabamos de ver, nunca adoptó ciegamente la teoría de la mímesis heredada del clasicismo pues las relaciones exteriores deben, según su criterio, pasar imperativamente por el filtro de la subjetividad. Diderot considera que, en la música, la razón y la sensibilidad no se excluyen la una a la otra. La música no representa nada. No halaga nuestro oído de la misma manera «que el arco iris agrada a nuestra vista», sin embargo, no debemos olvidar que la música agrada a nuestros sentidos «y que ese placer de la sensación depende de una disposición particular no solamente del oído, sino de todo el sistema nervioso» (Diderot, 1996: 60). Diderot tendrá en cuenta la importancia del placer que se puede obtener al identificar las relaciones de los intervalos, pero también el de la escucha pura y simple como expresión inmediata y directa de las pasiones sin necesidad del conocimiento teórico musical. Como señala Neubauer, aunque Diderot anticipa la noción de arte autónomo, la estética formalista no le satisface totalmente, por lo menos hasta que no exista una teoría de la percepción suficientemente desarrollada (Neubauer, 1992: 169).

Así, este arte, el menos preciso desde un punto de vista imitativo, el más arbitrario, es el que permite que nuestra imaginación vuele con más libertad. «El arte que más nos conmueve y que mejor expresa nuestra vitalidad instintiva» (Diderot, 1996: 60). El filósofo nos da a entender que la imprecisión semántica de la música instrumental abre multitud de espacios a nuestra imaginación, de esta forma estaría matizando la idea de lo «bello real» y también daría cabida en su estética a lo «bello relativo» sin caer, por otro lado, en las teorías puramente miméticas. Diderot cree que las relaciones de la creación estética musical pueden invocar una ingente cantidad de pensamientos y que estos significados se tornan autónomos con relación a la idea estética que los ha generado. En todo caso, considera que la música posee un rango muy elevado en el conjunto de las artes puesto que se trata de un lenguaje que abre el acceso a la esfera universal de las emociones. Sus consideraciones estéticas acerca de la música también estarán presentes en sus obras literarias.

Teatralidad musical en *Le neveu de Rameau*

Desde un punto de vista puramente literario, casi todas las obras de ficción escritas por Diderot muestran una gran variedad genérica, pero, por encima de todo, hay en ellas un deseo de no atenerse a las normas estrictas de la novela. Si tomamos, por ejemplo, el caso de *Jacques le fataliste*, obra escrita entre 1765 y 1773, podremos observar cómo Diderot se adentra en el campo de la novela experimental ya que elimina el poder del narrador omnisciente. Además, desarticula el relato colocando al lector en una situación difícil a la hora de buscar significados. Con *Le neveu de Rameau*, nos ofrece un ejemplo del principio dialógico de su escritura. Esta novela desafía la coherencia narrativa y otorga una voz a la disonancia, en el sentido musical e ideológico del término, lo que hace dudar al lector de sus asentadas certezas. Así, en sus obras literarias, Diderot es también un gran innovador. Por lo que respecta a la música en la ficción, adopta varios discursos diferentes. Como declara Béatrice Didier, «intentó todas las soluciones y tiene el mérito de haber incluso ampliado considerablemente el campo de posibilidades, de haber realmente creado un lenguaje nuevo» (Didier, 1985: 331). La ficción de Diderot será más rupturista que la de Rousseau en materia de estética musical, en particular cuando habla del significado emocional de la música y, más concretamente, cuando esta se ha emancipado del poder de la voz.

Antes de entrar en el análisis de *Le neveu de Rameau,* me parece pertinente mencionar una novela libertina en la que Diderot anuncia la estética rupturista que proclamará casi quince años más tarde en *Le neveu de Rameau.* Me refiero a *Les bijoux indiscrets* (1748). En esta obra de juventud, Diderot dedica el capítulo XIII, titulado «L'Opéra de Banza» (Diderot, 1981), a ridiculizar la estética de los dos músicos más célebres de los siglos XVII y XVIII: Lully y Rameau. En esas páginas, opone a la ingenua música compuesta por Lully, al que llama «Utmiutsol» (recordemos que «Ut» era la antigua denominación de la nota «Do»), la música científica de Rameau, que se gana el calificativo de «Utremifasollasiututut». Diderot hace una caricatura de los dos compositores y de sus partidarios:

> Esos dos compositores tan originales poseían cada uno sus adeptos: los ignorantes y los vejestorios apoyaban todos a «Utmiutsol»; los jóvenes y los virtuosos secundaban a «Utremifasollasiututut»; y

a la gente con buen gusto, tanto joven como mayor, le gustaban los dos (Diderot, 1981: 77).

Sirviéndose de un recurso cómico y muy irónico, el narrador da cuenta de los diversos gustos musicales que estaban de moda en el París de mediados del siglo XVIII. Se podría sostener que, para Diderot, la sofisticación musical de Rameau es demasiado adormecedora y que el viejo Lully pertenece al pasado porque su música es demasiado simplista. Tal vez esto demuestre que ya tenía en mente una nueva estética musical que fuera más allá de las dos corrientes que estaban en boga en París en el momento en que escribe esta novela.

Por otra parte, el novelista, como gran crítico de la sociedad que era, también ironiza sobre el dudoso gusto del público, más preocupado por aparentar que por apreciar y disfrutar de la música lírica de Rameau o de los «ballets» concebidos por Lully. Pero, independientemente de la caricatura que hace, la parte musical más interesante de la novela es la que narra la representación de una obra de Rameau (Utremifasollasiututut) donde se asocia el placer sexual con la palabra y el canto. Es el momento en que las joyas (los órganos sexuales femeninos), que hablan cuando el sultán Mangogul le pide a su anillo mágico que se exprese con sinceridad, comienzan a cantar. Si esas «joyas» revelan verdades cuando hablan, en el momento que cantan se sirven del lenguaje de las pasiones para expresar una verdad íntima y, a la vez, como señala Cannone, un imaginario «de la voz superpuesta capaz de revelar lo más íntimo del ser, es decir, el deseo» (Cannone, 1998: 117). Por ello, el sultán Mangogul hace girar su anillo para que cambie la música cuyos larguísimos coros del cuarto acto aburren y hacen bostezar a la favorita. Pero el toque mágico del anillo cambia radicalmente el espectáculo. Ya no serán los coros femeninos quienes canten monótonamente, sino las «joyas» que expresan el deseo. El imaginario musical de Diderot se muestra de esta manera como una especie de fiesta de los sentidos, de liberación colectiva a través de un canto nuevo que deconstruye cacofónicamente lo antiguo. Lo que nos propone es una enorme disonancia que hace que se tambalee el canon musical imperante:

> Treinta chicas jóvenes enmudecieron de repente: abrieron sus grandes bocas y conservaron las actitudes teatrales que habían adoptado previamente. Sin embargo, las joyas se desgañitaron a fuerza de cantar [...]. Al final todas subieron hasta un tono tan alto, tan barroco y tan loco, que formaron el coro más extraordinario, más ruidoso y más ridículo jamás escuchado antes y después del de los n...d...on [el manuscrito es ilegible en este lugar] (Diderot, 1981: 78).

Las sensaciones emergen con toda su fuerza en *Les bijoux indiscrets*, donde el canto rompe con toda regla armónica, expresa un caos primitivo y ahoga a la palabra. Para hacer más caricaturesca, si cabe, la situación, la orquesta sigue tocando como si no hubiera habido ninguna transformación vocal. El resultado final de ese espectáculo ridículo se transforma en una enorme cacofonía que estremece a todo el auditorio.

Como ya he señalado con anterioridad refiriéndome a la estética de Diderot, la música pensada por el filósofo es aquella que tiene la capacidad de producir efectos tumultuosos en los oyentes. Esto mismo ocurre en el capítulo mencionado. En estas pocas páginas, se condensa el pensamiento musical de Diderot, y su concepto de las sensaciones que genera ese arte. Béatrice

Didier considera que, por encima de la frivolidad del texto, Diderot nos ofrece un ejemplo de los lazos que existen entre la música y la sexualidad. Estamos ante una ópera que es pura locura «porque el deseo puede expresarse en ella con toda su fuerza» y, además, existe un lazo «que establece una correspondencia entre música/locura/libertinaje» (Didier, 1985: 352). En suma, en esta obra, la fuerza de la música es capaz, como diría Rimbaud, de trastocar todos los sentidos y de hacer que todos los deseos reprimidos salten por los aires. El grito salvaje del canto, así como la música de la orquesta que termina tocando fuera de las leyes de la composición canónica, son un claro ejemplo de las manifestaciones artísticas de las pasiones irrefrenables. Muchos años después, encontramos los ecos de esa deconstrucción de la música canónica en *Le neveu de Rameau,* novela-conversación escrita entre los años 1762 y 1777. Esta obra fascinante fue dada a conocer fuera de Francia por Goethe, y Hegel la nombra en la *Fenomenología* poniendo al personaje de «Él» como un ejemplo de la conciencia alienada moderna (Neubauer, 1992: 173).

En *Le neveu de Rameau,* Diderot presenta, por medio de una conversación desordenada, los ejes centrales de sus ideas morales y estéticas. En esta obra dialógica solo hay dos personajes: «Él» (Lui), Jean-François Rameau, el sobrino ficcional del célebre compositor, y «Yo» (Moi), el filósofo y narrador de la novela. Ambos defienden sus principios, «Yo» los principios morales y «Él», el bohemio, el fracasado hipócrita y genial, su relativismo absoluto y su desprecio de la sociedad. Frente a las objeciones desordenadas pero coherentes de este personaje, las sólidas certezas del filósofo «Yo» se tambalean. Realmente, «Él» es un gran actor. Desde mi punto de vista, encarna al actor ideal imaginado por Diderot en su obra *Paradoxe sur le comédien* (Diderot, 1996) que, a diferencia del hombre sensible y natural, por medio de la distanciación es capaz, nos dice el mismo Diderot, de representar de forma «tan escrupulosa los signos externos del sentimiento» hasta el punto de hacernos creer con su actuación que lo que teatraliza es real (Diderot, 1996: 1384). Como veremos, Diderot se sirve de este personaje para poner en duda la estética musical del verdadero músico Jean-Philippe Rameau. Pero, ¿quién es «Él»? Así está descrito este personaje en la novela:

> Se trata del sobrino de ese músico [Rameau] que nos ha liberado del canto llano de Lully que entonábamos desde hace más de cien años, que ha escrito tantas visiones ininteligibles y verdades apocalípticas sobre la teoría de la música de las que ni él ni nadie jamás ha entendido nada. De él tenemos un cierto número de óperas donde hay armonía, fragmentos de cantos, ideas inconexas, estruendos, vuelos, triunfos, lanzas, espadas, murmullos, victorias hasta perder el aliento, aires de danza que duran una eternidad (Diderot, 1972: 34).

Simbólicamente, «Él» es una especie de disonancia que se introduce en el sistema social para ponerlo en entredicho: «hay que saber colocar, preparar y salvar las disonancias en la armonía social. Nada más insulso que una serie de acordes perfectos» (Diderot, 1972: 116). Al principio de la obra, el personaje que representa a «Él» ya aparece como un símbolo de la desmesura, como una nueva fuerza capaz de acabar con el pasado, con las «viejas pelucas». Diderot incluye en esa categoría al músico Jean-Philippe Rameau. Como si de una obertura se tratara, nos muestra la identidad de un personaje que va a ser el más acérrimo enemigo de la estética musical de su tío. «Él» se sitúa en las antípodas del sistema musical que se encarna en la coherencia formal de Jean-Philippe Rameau. En ese sentido, Diderot no aporta nada nuevo a los debates, ya lejanos cuando escribe este texto, sobre la música francesa e italiana, lo único que hace es repetir los argumentos convencionales sobre la cuestión de la mímesis y de la música francesa. «Él» defiende vigorosamente la nueva música que, por otro lado, es la favorita de los filósofos de las Luces. En un momento dado del diálogo, «Él» declara que se muere de placer por la música de Duni, el compositor napolitano de moda en París. Para este personaje, esta música contiene en sí misma la belleza absoluta: «¡Qué declamación! ¡Qué expresión! ¡Qué verdad!» (Diderot, 1972: 100). El verdadero canto es el que hace coincidir la línea melódica con la declamación, dado que «no existe una música de la que no se pueda sacar un bello recitativo, ni un bello recitativo del que un hábil compositor no pueda obtener una bella música» (Diderot, 1972: 100). Sirviéndose de la voz ficcional de «Él», Diderot subraya la importancia de la expresión del canto italiano denigrando a los grandes músicos de la tradición francesa como Lully, Campra, Mouret o Destouches. El tío de «Él», Jean-Philippe Rameau, el verdadero músico, también es objeto de sus implacables críticas. Le tacha de ser duro e insensible y de tener un carácter acorde a sus ruidosas composiciones que más que música son un auténtico alboroto (Diderot, 1972: 102). Sus críticas están igualmente dirigidas a los tratados de armonía de Rameau. En ese sentido, «Él» ironiza sobre los pasajes enarmónicos, tan celebrados por el compositor, y sobre los intervalos de quinta aumentada, los tritonos o las quintas que él denomina «superfluas». Esta técnica solo demuestra que su tío es un «vanidoso y retorcido» (Diderot, 1972: 54).

Llegados a este punto, podemos decir que, en un principio, Diderot no hace más que insistir sobre la postura adoptada por los filósofos durante la *Querelle des Bouffons* que tuvo lugar en los años cincuenta del siglo XVIII. Los comentarios de «Él» coinciden con las teorías de Rousseau, ya que proclama que la melodía es un instrumento que sirve para acabar con la música aristocrática y sabia. No obstante, también es de recibo señalar que este texto diderotiano muestra una cierta ambigüedad, razón por la cual el sobrino de Rameau no condena de manera tajante la música de su tío. A pesar de sus críticas, se ve obligado a reconocer que ciertas danzas o *ballets* incluidos en las óperas de gran éxito seguirán admirándose en siglos posteriores. En ese aspecto, el filósofo ya está propugnando un nuevo teatro. En efecto, la defensa que hace de las danzas clásicas sirviéndose de su personaje ficcional no debería extrañarnos puesto que, como es sabido, Diderot considera que la danza ya es en sí misma un auténtico poema. Además, estima que la propia movilidad del ballet juega un papel fundamental a la hora de abrir el espacio escénico. Tal vez sea esa la razón por la que escribe en *Troisième entretien sur le fils naturel* que «la danza es a la pantomima lo que la poesía es a la prosa, o más bien lo que la declamación natural es al canto» (Diderot, 1996: 1183). De lo que no cabe duda es que, en *Le neveu de Rameau,* Diderot intenta hablar de la música por medio de la ficción literaria buscando una nueva estética que supere las teorías propiamente formalistas y las que defienden la mímesis clásica. Con el objetivo de responder a ese desafío, adopta una estética teatral basada especialmente en la gesticulación. Esta forma de escritura está en consonancia con su idea de transformar el papel del actor y de otorgarle una cierta autonomía con relación al texto. Como él subraya:

> Cuando escribo la pantomima, es como si me dirigiera con estas palabras al actor: «Así declamo, he aquí las cosas tal y como tenían lugar en mi imaginación cuando escribía». Pero no soy lo bastante iluso como para creer que no haya alguien que declame mejor que yo, ni lo bastante imbécil para reducir a un genio a un estado maquinal (Diderot, 1996: 1343).

En la novela, «Yo» es un filósofo que sabe de música, pero no utiliza el lenguaje teórico para referirse a ella, dado que no practica ese arte. El sobrino de Rameau sí que lo utiliza, junto con un lenguaje corporal. Esa es su manera preferente de hablar de la música. Su papel de bufón en perpetuo movimiento dispensa a la expresión corporal una importancia que no tenía hasta ese momento. Béatrice Didier emparenta esta noción teatral de Diderot con la *commedia dell'arte* y la *opera buffa* (Didier, 2001: 67). El filósofo «Yo» es el encargado de transmitir al lector la acción pantomímica de su interlocutor. Con su discurso, nos informa que todas las referencias musicales las hace a través de la mímica y que la pantomima acompaña sus palabras. Diderot resuelve la inscripción musical en el texto pasando por la representación gestual a la que se añaden las modulaciones del canto que «Él» intercala en su representación gestual. En cierta forma, salvando las distancias, Diderot nos da una lección de teoría literaria moderna, ya que adelanta lo que hoy conocemos como «estética de la recepción» (Jauss, 1978), una teoría que pone el acento en la contribución del lector a la hora de establecer el sentido de las obras literarias. La respuesta no haría más que reflejar la subjetividad interpretativa que vendría a añadirse a la cadena de sentidos que una obra literaria genera en sus lectores potenciales. A lo largo de los fragmentos en los que «Él» utiliza la mímica para representar la música, Diderot deja espacios en blanco para que los posibles lectores se imaginen qué música corresponde a la gesticulación de «Él». Si bien Diderot escribe para que la gente cultivada de la época reconozca la música «interpretada» por el supuesto sobrino de Rameau, también ha dejado una herencia con el fin de que cualquier lector posterior, según su propio horizonte de expectativas, pueda imaginar los sonidos descritos en el texto provenientes del lenguaje musical que la mímica del protagonista inscribe en el texto. Por consiguiente, Diderot incluye una novedad en la ficción dado que, en lugar de describir las sensaciones que puede suscitar una audición musical, lo que hace es representar la música orquestal por medio de la mímica. Se podría decir, igualmente, que mediante este procedimiento muestra de qué manera sería posible renovar el teatro. A ese respecto, no sería aventurado afirmar que para definir el teatro vanguardista que imagina en pleno siglo XVIII, Diderot coincide con la idea de teatralidad que desde la semiótica se desarrolló en el siglo XX. Recordemos que Roland Barthes define la teatralidad como

> una especie de máquina cibernética (una máquina para emitir mensajes, para comunicar). En reposo, esta máquina está oculta detrás del telón. Pero en el momento en que se la muestra, se pone a enviar a los espectadores un cierto número de mensajes. Estos mensajes tienen de particular que son simultáneos y sin embargo difieren en el ritmo; en un cierto momento del espectáculo, ustedes reciben seis o siete informaciones (provenientes de los decorados, de la vestimenta, del lugar que ocupan los actores, de sus gestos, de su mímica, de sus palabras), pero algunas de esas informaciones son fijas (como es el caso de los decorados) mientras que otras se turnan (el texto hablado, los gestos); se trata, pues, de una verdadera polifonía informativa, en eso consiste la teatralidad: una amplitud de signos (Barthes, 1963: 258).

Pero volvamos a la gestualidad musical y su desarrollo en la novela. En primer término, «Él» reproduce, por intermedio de la mímica, la actitud de un violinista: «tararea un *allegro* de Locatelli; su brazo derecho imita el movimiento del arco, su mano izquierda y sus dedos parecen pasearse a lo largo de la manga» (Diderot, 1972: 52). Además, acompaña su concierto con convulsiones, con agitaciones, con gritos, hasta que su rostro refleja el éxtasis. El sobrino emite una serie de sonidos preverbales que brotan de su impulso creativo primordial. Sus lamentaciones rompen con el orden de la música elaborada por la cultura. Luego imita a un clavecinista, en ese momento las pasiones se dibujan en su rostro: «Se podían distinguir la ternura, la cólera, el placer, el dolor» (Diderot, 1972: 54). Como certeramente apunta Sabatier: «las consecuencias físicas de las emociones artísticas interesan enormemente al escritor, quien las muestra en *Le neveu de Rameau* y en su *Paradoxe sur le comédien*» (Sabatier, 2004: 27).

Otro aspecto capital de la novela se refiere a la noción de la mímesis musical y a sus límites, un tema sobre el que los filósofos debatieron de manera recurrente. Cabe señalar que, en ese sentido, Diderot aborda también, sin duda valientemente, la cuestión de la música instrumental. Para él, este tipo de música es muy significativa y se opone a los que consideran que se sitúa fuera de los grandes principios de la imitación. Nuestro escritor concede un poder intrínseco a la música pura, es decir, a aquella que no tiene el apoyo de la palabra. Así, en el pasaje que acabamos de evocar, las sonatas que «Él» simula interpretar no llevan títulos alusivos. Basta con la mímica y las expresiones del rostro para darse cuenta de que la música refleja los sentimientos.

La capacidad de crear obras musicales instrumentales empleando la mímica es un ejercicio apasionante, un ejercicio retórico que sitúa al lenguaje articulado común en un plano inferior al de la pasión. La línea melódica es dictada por las emociones. El intelecto, aun siendo importante en el universo diderotiano, aparece en esta tarea creativa como un obstáculo antinatural, porque el autor prioriza el «grito animal de la pasión» (Diderot, 1972: 109) para decir la música.

En su paroxismo, «Él» no cesa de hacer interpretaciones en las que la mímica y los gritos sustituyen al lenguaje convencional y nos transmite la idea de que las pasiones son el alma de la música. Incluso cuando no se trata de representar la música pura, sino una ópera, las obras cantadas están acompañadas de interjecciones, de interrupciones, afirmaciones o negaciones. La desmesura de este personaje bufonesco genera en su interlocutor, el filósofo «Yo», una mezcla de admiración y de piedad. Pero la culminación del arte de «Él» la encontramos en el momento en que representa mímicamente a toda una orquesta:

> Con las mejillas infladas e hinchadas y con un sonido ronco y sombrío, imitaba a las trompas y a las tubas; profería un sonido estruendoso, brillante y nasal para los oboes; precipitaba su voz con asombrosa rapidez para los instrumentos de cuerda buscando los sonidos más aproximados; silbaba para los flautines; arrullaba las flautas traveseras, gritando, cantando, agitándose como un demente; él solo imitaba a los bailarines, a las bailarinas, a los cantantes, a las cantantes, a toda una orquesta, a todo un teatro lírico, dividiéndose en veinte papeles diferentes, corriendo, deteniéndose como un energúmeno, con los ojos brillantes y echando espuma por la boca (Diderot, 1972: 107).

En este pasaje, Diderot muestra hasta qué punto es un adelantado para su tiempo en la concepción de la teatralidad. El espectáculo que transmite deconstruye al personaje que se confunde con la obra de arte total. Por consiguiente, se podría sostener que esa representación es altamente simbólica en su concepción estética dado que se trata de transmitir su aspiración a una expresión global de las pasiones en el teatro. No hay que olvidar que la mímica que nos ofrece «Él» tiene lugar en un decorado totalmente innovador, por no decir opuesto, al que se usaba en las representaciones teatrales clásicas. En efecto, el diálogo con el filósofo «Yo» se produce en un *café parisien,* es decir, en un espacio teatral abierto, realista y popular. Esa escena abierta incluye a la gente de la calle que se agrupa en los ventanales del café atraída por la «música» orquestal que crea «Él»: «Las ventanas del café estaban ocupadas por fuera por la gente que pasaba y que se había detenido al escuchar el ruido» (Diderot, 1972: 106).

Por otro lado, considero que en su concepción teatral, Diderot desea elevar a la mímica a un rango más elevado que el que poseía en la *commedia dell'arte*. Por esa razón combina en esta novela el diálogo y el pensamiento filosófico con el gesto. En *Entretiens sur le fils naturel,* Diderot sostiene que se ha separado lo que la naturaleza ha unido y que el placer de la música no se debe solamente a los instrumentos, a las voces o a los decorados, dado que «hay lenguajes que hablan de manera distinta» (Diderot, 1996: 1144). Es lo que ocurre con la pantomima y el gesto en la novela. De manera que propone una obra abierta con múltiples sentidos. Así, los lectores pueden oír la música en la que pensaba el autor o una música propia que emerge a lo largo de la lectura y que se convierte en el centro del discurso.

Realmente, Diderot es un visionario que, al valorar la música instrumental, no solo nos adentra en el Romanticismo, sino que también anuncia las vanguardias del siglo XX. Recordemos que hay numerosos estudios modernos en los que se habla de la mímica como un lenguaje. Julia Kristeva define el gesto como «un sistema significante» (Kristeva, 1981: 300), a la vez que hace un repaso histórico de su importancia y de su culminación en el teatro del escritor francés Antonin Artaud. En el campo que nos ocupa, es decir, el de la música y la palabra, Pierre Boulez estima que el sonido y el verbo deben ir acompañados, en una composición, por ritmos, ruidos y gritos. Según el compositor, cuando Artaud recitaba sus propios textos, experimentaba ansias de dar una respuesta a las promesas materiales de la interpretación como si fuera un compositor que ejecuta o dirige una obra. Artaud haría renacer el espíritu dionisíaco de la tragedia, así como el lenguaje de las manos y del rostro propio del teatro oriental. El teatro de Artaud une de manera perfecta el verbo y el sonido. Ahí encontramos una sublime organización del delirio (Boulez, 1966: 161). Evidentemente, cuando Diderot se sirve de la mímica para que el lector escuche la música, nos está diciendo que este arte es capaz de liberar las energías del ser humano. A través del gesto nos devuelve el grito de la pasión que contiene el canto tarareado por «Él». Representar la música por medio de la mímica supone ir más allá de la mímesis y de la teoría de las relaciones porque permite que los lectores doten a la música de significados múltiples y propios. De esta suerte, mediante la literatura, el filósofo de las Luces revaloriza la música pura, la que está unida a las emociones oscuras y a las pasiones incontrolables que el lenguaje conceptual no es capaz de definir.

II. Literatura romántica y música: variedad de interpretaciones y un entusiasmo común

Madame de Staël

Los primeros románticos franceses son tributarios de ciertas ideas desarrolladas por los enciclopedistas, en particular las relativas a una cierta emancipación de la música. La primera generación romántica se caracteriza por una tendencia a escribir desde la subjetividad, desde la introspección personal. La escritora Madame de Staël (1766-1817), sobresale por sus cualidades intelectuales y por sus agudas reflexiones sobre las relaciones de la música y la poesía, asimismo, contribuye a formar el gusto musical de las generaciones posteriores haciendo una síntesis que engloba la cultura germánica y el pensamiento de Rousseau y Diderot. En la *Lettres sur les ouvrages et le caractère de Jean-Jacques Rousseau* (Staël, 1998), Madame de Staël desarrolla sus principales ideas acerca del poder de la música. De igual manera que Diderot, piensa que la música nos sume en deliciosos pensamientos que aniquilan el significado de las palabras. De esta forma, se refiere a la música instrumental como un medio para superar los límites del lenguaje ordinario. En *De l'Allemagne* (Staël, 1968a, 1968b), la segunda parte está dedicada a las letras y al arte. En ella, Madame de Staël elogia la práctica de la música instrumental:

> Los alemanes sobresalen en la música instrumental, los conocimientos que esta práctica exige y la paciencia que se precisa para llevarla a cabo correctamente son para ellos naturales; también tienen compositores con una imaginación muy variada y fecunda (Staël, 1968b: 83).

Sin embargo, deplora que, a veces, los compositores sacrifiquen el instinto en favor de la reflexión porque piensan demasiado sobre lo que hacen. Por otra parte, en esa misma obra, dedica un amplio espacio a la música vocal, en particular a la melodía. Del mismo modo que Rousseau, defiende la unidad primera de la música y la palabra. Como el filósofo dieciochesco, se decanta por la música italiana, considera que los italianos son unos auténticos músicos de la naturaleza y alaba que no se preocupen tanto como los alemanes por someter sus composiciones a la palabra. Siguiendo los pasos de la evolución estética que tuvo lugar en el XVIII en la que se atenuó el poder de la mímesis estricta, Madame de Staël deplora que los alemanes no se liberen por completo del poder del texto, o sea, de la autoridad de la literatura, atenuando así el impulso hacia el infinito: «En las Bellas Artes se necesita más instinto que pensamiento; los compositores alemanes siguen demasiado de cerca el sentido de las palabras; se trata de un gran mérito para aquellos que aman más la palabra que la música» (Staël, 1968b: 83).

Conocedora de Diderot, la escritora prerromántica también es partidaria de una música instrumental que no reproduzca los efectos de la naturaleza, como lo hace, por ejemplo, Haydn cuando imita las estaciones. Por eso, valora la capacidad intrínseca de la música pura para crear emociones más allá de su alianza con un texto o un modelo. Para ella, las artes están por encima del pensamiento y se entendería mejor el efecto de la música «si se pudieran imaginar las impresiones de nuestra alma antes de que conociera la palabra» (Staël, 1968b: 84). Madame de Staël introduce la cultura alemana en Francia valorando la música instrumental de ese país como un arte que produce emociones intensas. La música germana estimula la sensibilidad moderna romántica marcada por la melancolía. Si Rousseau pone el acento en la sensibilidad, pero no renuncia a la música cantada, Diderot sí estaría más cerca de la forma romántica de entender el arte. De todos modos, Staël privilegia el sentimiento. Ella concibe el ensueño como algo delicioso que nos eleva por encima de los pensamientos que nos ofrecen las palabras, aunque admira a Rousseau y a Gluck por su afán de equilibrar el poema y la música. Madame de Staël se decanta más bien por una música que despierte en nosotros el sentimiento de infinito. Por esa razón, se muestra contraria a todo lo que tienda a particularizar el objeto de la melodía o a disminuir el efecto de infinito causado por el ensueño. Asimismo, culmina el cambio de rumbo estético iniciado en el Siglo de las Luces y abre una senda en Francia a unas nuevas relaciones de la música con la literatura que se concretizarán en el Romanticismo y más tarde en el simbolismo. En efecto, la música instrumental defendida por esta autora ofreció a los poetas la opción de perfeccionar el arte más allá del lenguaje y de la representación. Como afirma Neubauer: «Tras haber definido a la nueva música como un arte independiente del lenguaje; los románticos, paradójicamente, pudieron proclamar que la música era el paradigma para la poesía, precisamente porque se había emancipado del lenguaje» (Neubauer, 1992: 28). En ese sentido, quizá sea el compositor y pianista Franz Liszt quien mejor resuma esta poética puramente romántica cuando escribe:

> A medida que progresa la música instrumental, a medida que se desarrolla, que se libera de las trabas primeras, tiende a impregnarse de este ideal que ha marcado la perfección de las artes plásticas, a convertirse, no ya en una simple combinación de sonidos, sino en un lenguaje poético tal vez más apto que la poesía misma para expresar todo lo que, en nosotros, rebasa los habituales horizontes, todo lo que elude el análisis, todo lo que se anuda a profundidades inaccesibles, a deseos imperecederos, a pensamientos infinitos (Triay, 2008: 214).

Las ideas de los ilustrados y de Madame de Staël alimentan a la generación romántica posterior. Las afinidades con el pasado se manifiestan en los temas recurrentes que se encuentran en los universos de los poetas y de los novelistas del siglo XIX: la naturaleza, la fe en la intuición, la veneración del sentimiento, el sentido de lo sagrado, la admiración de los poetas ingleses y alemanes, la atracción por el exotismo oriental y otros muchos temas en boga en ese momento. Ateniéndonos a la música, veamos algunos ejemplos significativos de la influencia de esta forma artística en la literatura de la primera mitad del siglo XIX.

Alphonse de Lamartine

El poeta Alphonse de Lamartine (1790-1869) se vanagloria de ser el primero en conseguir que la poesía descienda del parnaso otorgando a la musa no una lira de siete cuerdas, sino las fibras reales del corazón del ser humano. De esta manera, el *yo* lírico romántico se adentra en el territorio de la intimidad del ser y de sus sentimientos. Este gran poeta experimenta una profunda atracción por la música, en concreto por la música instrumental, ya que opina que el sonido está más próximo del ideal místico que buscaba. Considera que la ausencia de la voz en la música ofrece más posibilidades de evadirse hacia los lejanos e inaccesibles universos que imagina. Para él, ni siquiera la poesía nos puede llevar tan lejos. Por otro lado, tiene gran estima por la ópera, la italiana en particular, al igual que casi todos los románticos, por el gran compositor Rossini. Lo que más le atrae de las óperas del músico italiano son las partes instrumentales, a las que califica de perfecta poesía. Lamartine declara que iba al Teatro de la Ópera para satisfacer su alma y para deleitarse «con los sonidos de la poesía de Rossini, ese canto sin palabras del que una sola nota vale más que todos nuestros versos» (Escal, 1992: 59).

Sin duda, sus gustos musicales contribuyen a que su propia poesía sea muy musical. Un claro ejemplo de ello lo encontramos en su conocido poema «Le lac», un texto que posee partes instintivamente musicales. Su lectura nos transmite una música muy sentida que se armoniza con el entorno: los ruidos de los remos y sus suaves movimientos, las cadencias regulares de las olas y, por encima de todo, el supremo silencio del lago. Lamartine también se refiere con frecuencia a la música para explicar sus poemas. Así, «Les préludes», texto número XVI de su poemario *Nouvelles méditations poétiques* (Lamartine, 1963), es calificado por él mismo como «una sonata de poesía». En efecto, se trata de un largo poema en el que el yo angustiado implora a la música para que venga en su ayuda. El mérito de Lamartine también consiste en conseguir que ese poema adquiera la forma de una sonata confiriéndole cuatro temas que tienen su propio desarrollo. Para ello, usa diferentes tipos de versos que corresponderían a las modulaciones de la forma musical de la sonata clásica. Pero independientemente de los aspectos formales, el poeta busca socorro en la música interior que denomina «inefable armonía». Esa música es evocada para que acuda a sosegarle, para que le envuelva esperando que los celestes conciertos callen cuando los cantos hayan apaciguado su angustia. La pura armonía consigue así que el poeta experimente la paz, que se haga realidad la comunicación del genio poético con el universo. Este poema-sonata concluye con una especie de coda en la que los cantos mueren después de haber logrado detener las lágrimas que emanaban de los ojos del poeta (Lamartine, 1963: 166). Una prueba de la profunda calidad musical del poema nos la ofrece Liszt en su poema sinfónico *Les préludes*, compuesto bajo la inspiración del texto lamartiniano en el que transmite su idea de que la música es la literatura del corazón, una literatura que comienza cuando se agota el lenguaje.

Stendhal

Otros autores románticos mostraron igualmente una especial predilección por el arte de la música. Aunque no tenía formación en teoría musical, Henri Beyle (1783-1842), conocido con el seudónimo de Stendhal, vivió intensamente la música. A través de las biografías, en parte plagiadas, que escribió sobre Mozart, Metastasio, Haydn y Rossini, se puede apreciar su sensibilidad musical. No es, en efecto, un musicólogo con formación, pero sus análisis, muy personales e intuitivos, sobre la melodía demuestran, así lo subraya Fubini, que es un auténtico filósofo del gusto. Como enfatiza el estudioso italiano de la estética de la música, Stendhal anhela mostrar el carácter irracional de la música (Fubini, 1988: 288). Efectivamente, en sus comentarios, el novelista se aleja constantemente de lo apolíneo para revindicar la embriaguez a la que conduce la música cantada.

En su biografía sobre Haydn, Stendhal confiesa con gran sinceridad que tanto en música como en otras cosas es un hombre de otro siglo. Sin duda, se refiere a su atracción por el siglo XVIII, ya que en su pensamiento existe una preferencia clara por la música italiana. Como hicieran Rousseau y los demás filósofos que participaron en la *Querelle des Bouffons,* Stendhal no se siente en absoluto identificado con la forma francesa del *romance,* una sencilla unión de texto y voz imperante a principios del siglo XIX, puesto que, a su parecer, era demasiado sabia y sacrificaba la melodía en favor de la armonía. En ese sentido, Michel Delon sostiene que «Stendhal tomó prestado de los filósofos de la Ilustración el gusto por el análisis del ser humano y de sus pasiones. Pero, sobre todo, heredó del XVIII un impulso, un ritmo, un estilo. Una sed de emoción» (Delon, 2005: 41). Hay que decir que Stendhal tiene un concepto literario de la forma *mélodie*. En múltiples ocasiones habla de metáforas musicales que solo se pueden expresar mediante la unión del texto y la voz. El escritor no concede mucho valor a la música puramente instrumental. Para justificar su preferencia por la música vocal esgrime dos argumentos fundamentales: la pasión que se respira cuando la voz canta y las imágenes que se generan en el oyente cuando al canto se le añade la palabra. Stendhal se hace eco tanto de la subjetividad diderotiana como de la unión entre el «decir y el cantar» proclamada por Rousseau. Jean-Pierre Richard sostiene que esta predilección de Stendhal por la música vocal se puede explicar por la constante búsqueda de la expresión, de la cual el autor hace gala a lo largo de toda su obra literaria (Richard, 1954).

El contacto de la voz con la emoción propicia que esta se manifieste de manera más ostensible. Según Stendhal, la «belleza ideal» es una gracia que palpita en el noble canto italiano. En la *Vie de Rossini*, publicada en 1832, el escritor realiza una reflexión estética sobre el sentimiento interior que otorga a la obra su veracidad. La voz de los cantantes de ópera italianos despierta en él sentimientos profundos que oscilan entre la felicidad y la melancolía. Stendhal huye de la metafísica. Podríamos decir que su romanticismo es totalmente transparente. Una vez superada la barrera del instrumento, es la voz la que nos sume en el ensueño. Pero para que eso suceda, es menester que la persona que canta sienta la música con fuerza, que tenga un alma musical. Stendhal estima que quien mejor se acerca a esa perfección es una famosa cantante de su época: La Pasta. El canto de esa diva, en particular sus *pianti*, le conmueve y le sume en meditaciones sobre la profundidad de la existencia. Los *pianti* simbolizan el paso del tiempo, el lento tránsito del otoño hacia el invierno, es decir, la muerte de las bellezas de la naturaleza, el ciclo que se cierra. Para él, la música contiene todos los matices del sentimiento. La búsqueda de la felicidad propuesta por el novelista se denomina en la historia de la literatura «beylismo». La experiencia de la música se presenta en esa forma de entender la vida como el medio ideal para disfrutar de grandes emociones. En un pasaje de la novela *Le rouge et le noir*, Stendhal resume sus teorías sobre la música y nos hace partícipes de la felicidad que experimenta Mathilde de la Mole durante un espectáculo en el Théâtre-Italien. El amor que siente por Julien Sorel se une a una melodía digna de Cimarosa. Esa unión de sentimiento y música la transporta a un mundo ideal donde reina la felicidad. Lejos del canto aburrido de los franceses, que abomina, y emulando a la Julie de *La nouvelle Héloïse* de Rousseau, Stendhal, ya en pleno siglo XIX, elige una cantinela sublime que seduce al oído y llega al alma:

> Todo lo que existía en el mundo desapareció para Mathilde. Si le hablaban, no respondía; su madre la reprendía, apenas si se molestaba en mirarla. Su éxtasis llegó a un estado de exaltación y de pasión comparable a los arrebatos más violentos que, desde hacía varios días, Julien sentía por ella. La cantinela, llena de gracia divina, que acompañaba a la máxima de amor que le parecía tan similar a su propio estado, ocupaba todos los instantes en los que no pensaba directamente en Julien [...]. De vuelta a casa, dijese lo que dijera Madame de la Mole, pretextó tener fiebre y pasó una parte de la noche repitiendo esa cantinela en el piano (Stendhal, 1964: 36).

George Sand

Entre los románticos que se sienten atraídos por la música destaca la escritora George Sand (1804-1876). Su novela *Consuelo* está considerada como una novela musical. En cierta medida, la autora logra que todos los personajes, reales o ficticios, se muevan en un marco en el que se reflexiona constantemente sobre el arte musical y sobre los artistas que lo ejercen. Se trata de una novela épica en la que la heroína, una gitana, se inicia en el canto de las escuelas de música venecianas. A lo largo de sus aventuras se exalta la música, en particular la del siglo XVIII. George Sand es también una auténtica heredera de las teorías musicales de Rousseau. Su voluntad de presentar a una mujer libre que recorre toda Europa se acompaña de una profunda reflexión sobre la música como aliada de la libertad. Para la escritora, la música puede expresar lo que la tiranía social obliga a callar. Está convencida de que la escritura novelística tiene un determinante papel social que jugar y debe poner en duda el orden establecido. En efecto, George Sand, próxima al pensamiento utópico, se interroga acerca del papel que los artistas ocupan en la sociedad. Con respecto a la música, no concibe que haya fronteras entre la música sagrada y la profana. Tampoco separa el arte sabio del popular. En ese sentido, su idealismo político y su noción de la estética convergen. Así como otros románticos, cree firmemente que la música posee cualidades excepcionales porque es el lenguaje por excelencia de lo inexpresable. En su novela *Consuelo*, la protagonista es una artista dotada de una sensibilidad exquisita. Cuando Consuelo escucha la voz de algún instrumento, cae en éxtasis. Consuelo vive la música con pasión, como si entrara en trance. En ese sentido, Sand también es una continuadora de la nueva sensibilidad que se desarrolló en Francia en el siglo XVIII, en particular, como ya he reiterado en varias ocasiones, de la mano de Rousseau. En un pasaje muy citado de la novela, que se refiere al arte del violinista Albert, un artista de excepcional talento, Consuelo, la heroína de la novela, se sume en una ensoñación casi mística. Suena la música, pero paulatinamente los sonidos del violín desaparecen dando paso a percepciones profundas:

> Poco a poco Consuelo dejo de escuchar e incluso de oír el violín de Albert. Toda su alma estaba atenta y sus sentidos, cerrados a las percepciones directas, se despertaban en otro mundo para guiar

su espíritu a través de espacios desconocidos habitados por seres nuevos (Sand, 2004: 352).

Más allá de las palabras, la música expresa lo que siente el alma. Por boca de Albert encontramos resumida toda la teoría romántica que George Sand introduce en su novela. Albert se dirige a Consuelo para mostrarle que su canto posee toda la fuerza que no tiene la gente común, pues considera que Consuelo habla un lenguaje divino, que sabe expresar los sentimientos más sublimes a la vez que es capaz de comunicar las poderosas emociones que emergen de su sensibilidad. Por ello, la anima a proseguir cantando de esa manera. Pero lo que a él le extasía no son las palabras del canto, sino el mensaje musical que estas ocultan. Albert siente la emoción de la voz, de sus acentos, de la inspiración. George Sand plasma en la literatura la música en toda su expresión, el arte que todo lo expresa, los sueños más profundos del alma. Su personaje Albert lo expresa claramente ya que para él la música «es la manifestación de un orden de ideas y de sentimientos superiores que la palabra humana no alcanza a expresar» (Sand, 2004: 321).

En 2004, con motivo de una nueva edición de la novela, el crítico Nicolas Savy subraya en el prólogo que esta narración opera una síntesis «entre la gran música y la música popular, una especie de música pura» (Sand, 2004: 15-16). A mi parecer, cabría añadir igualmente que Sand se adelanta a las teorías modernas sobre la canción popular en tanto espejo de una melodía primordial plenamente poética y ensoñadora. Aunque no dispongamos de espacio para ello en este apartado general sobre la recepción de la música en los románticos, sería interesante estudiar la novela de George Sand, amiga de grandes melodistas clásicos como Liszt y Chopin, a la luz del concepto de tonalidad melódica empleado por Rudolph Réti en los años sesenta del siglo XX (Réti, 1962: 25-48). En ese caso, no estaríamos frente a un modelo rítmico-armónico estricto como sucede con la tonalidad armónica clásica. La música popular mantiene una nota predominante, lo que permite a quien la canta variar la melodía sin perder la noción de tonalidad melódica. Esa clase de tonalidad, más primitiva y por consiguiente más próxima a la naturaleza y al canto primordial, desapareció cuando los modelos clásicos se adueñaron del poder supremo de la música occidental. En cualquier caso, ya sea desde un punto de vista utópico social o desde el onirismo romántico, la música es concebida por nuestra novelista como la culminación sublime del arte.

Alfred de Musset

Hay poetas para los cuales la música entraña un profundo desgarro. Este es el caso de Alfred de Musset (1810-1857), gran amante de un arte que le abre nuevos horizontes creativos. En cierta forma, Musset es, salvando las distancias, un precursor de las teorías poéticas desarrolladas posteriormente por los simbolistas. Para él, las sinestesias son algo natural. Igualmente, es un enorme poeta de lo íntimo y un gran conocedor de las novedades musicales de moda en el París romántico. Musset también puede ser asociado a Schubert, a su melancolía invernal, a la intimidad de la forma *Lied* donde la música y la poesía dialogan de manera sublime. Musset prefiere los conciertos a la ópera y sus decorados. Amante de la música alemana, ve en el *Lied* la perfecta resolución de la imagen en la música. Por esa razón, jamás puso ningún impedimento para que su poesía fuera llevada al pentagrama. Es más, él mismo escribió poemas destinados expresamente a ser musicalizados. En la biografía que le dedicó su hermano Paul de Musset, se puede constatar cuál era la estrecha relación de Alfred de Musset con la música y los intérpretes, en particular con el talentoso pianista y compositor Hermann, discípulo de Liszt. En sus reuniones artísticas, Musset escribía poemas sobre los que Hermann improvisaba al piano. El escritor poseía un conocimiento profundo de la teoría musical, por ello considera que los poetas han de tener presente la música cuando escriben. Es más, cree que las palabras más bellas nunca llegarán a igualar el lenguaje de la música, el cual, contrariamente a la declamación, es pensamiento puro. Además, como creyente, defiende la música porque entiende que posee un carácter divino. En la escena V de su obra de teatro *Les marrons du feu,* inicialmente publicada en sus *Contes d'Espagne et d'Italie* (1830), sostiene que la poesía es algo maravilloso, pero que el arte de la música es el que le hace creer en Dios (Musset, 1963: 58). Sin embargo, a pesar de su fe, Musset fue un eterno pesimista, como queda plasmado en su poema «Lucie», donde relaciona el dolor y la muerte con la música, «¡Hija del dolor, Armonía, Armonía!», escribe (Musset, 1963: 150). Los versos del poema expresan el misterio y el dolor ante el enigma de los sonidos. Con el eco de una romanza, la muerte se lleva a Lucie. La inquietud ontológica de Musset se manifiesta por medio de la música, pero su esperanza reside en el deseo de escuchar los sonidos «que la tierra no posee». La música impregna, sin duda, la vida de este poeta, pero al tratarse de un arte sublime e inalcanzable, al igual que la poesía, genera sufrimiento, pues para Musset, máximo exponente del *mal du siècle,* el ser humano solo tiene un amo: el dolor.

Victor Hugo

El célebre novelista y poeta Victor Hugo (1802-1885) encarna un Romanticismo francés revolucionario en la forma, un Romanticismo externo que coincide con el gusto de lo popular del Romanticismo alemán. Su compromiso constante con la libertad del arte se caracteriza por un concepto de la música abiertamente germánico. A diferencia de los defensores de la música italiana, opina que el canto en lengua alemana es liberador. Admira ese canto basado en la armonía porque es más apropiado para comunicarse con el resto de los humanos que el canto melódico. Victor Hugo admira a los poetas alemanes a los que califica de auténticos músicos. Destaca igualmente que la música pura, la que no se somete a la palabra, es el alma de la cultura germánica: «La música, por su mismo defecto de precisión, que en este caso especial es una cualidad, va allí donde se dirige el alma alemana» (Hugo, 1967: 287). Victor Hugo no poseía ninguna formación musical y su conocimiento de la historia de la música era bastante limitado. No obstante, sí dedicó algunos escritos a esta forma de expresión artística. Podemos encontrar un claro ejemplo de ello en la tercera parte del poema XXXV de *Les rayons et les ombres,* titulado «Que la musique date du seizième siècle», donde hace un panegírico del compositor Palestrina, al que considera un genio en el que se inspiran los grandes compositores de los siglos posteriores.

> Poderoso Palestrina, antiguo maestro, antiguo genio [...]. Así como un gran río en el que beben los humanos, toda la música fluye de tus manos [...] porque cuando una voz canta y a ella el

alma le responde, todos nuestros suspiros se dirigen a ti (Hugo, 1964: 1098).

Victor Hugo escribió estos versos en 1833 tras escuchar un concierto de música antigua en París. Se trata de un periodo en el que el joven novelista vive intensamente la música. Desde 1821 asiste regularmente a los conciertos en los que suenan las composiciones más vanguardistas. Se deleita con el tono romántico de la ópera de Weber, *Der Freischütz*, y conoce profundamente las obras de Berlioz, en particular su *Symphonie fantastique.*

A partir de 1840, el referente musical que le acompañará hasta el final de su vida será Beethoven. En una parte manuscrita que iba a formar parte de su obra *William Shakespeare* y que finalmente no fue incluida en la publicación, Victor Hugo alude a las cóleras creadoras propias de los grandes artistas. De este modo, refiriéndose a la cultura germánica, escribe:

> Son las cóleras las que convierten a Schiller en el primer poeta de Alemania. Schiller es poderoso y emociona. En él se encuentra el alma alemana que, cuando se encarna, crea seres sublimes. Esa alma, cuando así lo quiere, es toda la metafísica, se llama Kant; esa alma es toda la música y se llama Beethoven (Hugo, 1985: 746).

Según Victor Hugo, el compositor alemán es un ser excepcional cuya música le fascina porque es pura armonía, una sinfonía sonora sin par. Incluso cuando Beethoven ya no estaba tan de moda en su entorno, Hugo nunca dejó de sentir fascinación por la capacidad de ese genio para componer una música tan deslumbrante. Beethoven siempre fue un referente en la reflexión del poeta sobre los misterios del arte. Estima que como ningún otro compositor supo poner en música la armonía zodiacal platónica de las esferas. Se trata de un compositor que no necesita el oído porque en su sordera se encuentra el verbo armónico y el sinfónico. Victor Hugo comentó de manera poética algunas de las sinfonías del músico observando en las composiciones beethovenianas unos magníficos diálogos entre el alma y la naturaleza, entre el alma y la armonía. Asimismo, sostiene que se trata de una música inigualable cuyos sonidos piensan. Sus elogios se pueden sintetizar en la siguiente cita: «Esas deslumbrantes sinfonías, tiernas, delicadas y profundas, esas maravillas de la armonía, esas irradiaciones sonoras de las notas y del canto, provienen de una cabeza cuyo oído está muerto. Es como imaginar a un dios ciego creando soles» (Hugo, 1985: 62). Esta declaración es una hermosa definición de la concepción del acto creador del poeta. La sordera obliga a Beethoven a crear a partir del silencio, del caos armónico que debe ser traducido por la orquesta. Ciertamente, la materia creadora del artista es el lenguaje, pero ese lenguaje procede de lo invisible, de lo desconocido. La tarea creadora consiste en regular el caos sin, por otra parte, renunciar totalmente a él, a su riqueza expresiva. Para el crítico Jean-Pierre Richard el lenguaje en la ensoñación del poeta es el caos y lo que se desprende de él: «Es el caos que lucha como el hombre, pero también el espacio en el que el hombre logra ser el dueño, o al menos el significante de su caos» (Richard, 1954: 191).

Es cierto que las alusiones del poeta a sus preferencias musicales son escasas. Sin embargo, en su creación poética utiliza a menudo metáforas sonoras extremadamente musicales. La naturaleza le ofrece voces y sonidos que concibe como mensajes provenientes de un lenguaje informe que anuncia revelaciones secretas del universo y que el poeta ha de traducir. Victor Hugo fue un gran visionario y sus impresiones auditivas poseen una fuerza imaginativa fuera de lo común. Los éxtasis cósmicos de los poemas que forman parte de «Autrefois» *(Les Contemplations)* son, en palabras del propio Victor Hugo: «un alma que habla de sí misma» (Hugo, 1967: 482), un claro ejemplo de su musicalidad literaria marcada por la armonía de la naturaleza en su grandeza y totalidad. Al igual que Beethoven, Hugo extrae de la «nebulosa del arte», así denominaba el poeta a la música, todos los sonidos de ese «inmenso teclado» que para él era la naturaleza.

Théophile Gautier

Cuando se habla del gusto musical de los escritores románticos es inevitable referirse, aunque sea de manera muy breve, al escritor y reconocido crítico musical de la época Théophile Gautier (1811-1872). Se ha dicho que odiaba la música porque una vez declaró que era el arte más desagradable y el más apreciado de los ruidos. A pesar de todo, dedicó más de cuarenta años de su vida a escribir críticas musicales en el periódico *La Presse*. Desde 1837 hasta su fallecimiento, fue testigo de la vida musical parisina, formulando consideraciones críticas sobre un arte que no le atraía particularmente. Como certeramente señala Noske, no es extraño que fuera así dado que en el siglo XIX los diarios y las revistas publicaban folletines musicales de autores que no eran muy duchos en conocimientos musicales. Tal vez ello se debiera a que tenían muy presente la declaración que Rousseau hace en su *Lettre sur la musique française*, donde se puede leer lo siguiente: «Es el poeta quien tiene que escribir poesía y el músico quien debe crear la música; pero solo el filósofo puede hablar bien del uno y del otro» (Rousseau, 1995: 292). A Noske no le falta razón cuando señala que esta declaración de Rousseau no se tuvo en cuenta en el siglo XIX (Noske, 1954: 62). Por ello, Gautier se dedicó a escribir sobre música dejando un legado de varios volúmenes que contienen muchas historias, a veces muy folletinescas, sobre los espectáculos musicales. Si lo miramos desde una óptica positiva, esos escritos nos permiten tener una visión real de la vida cultural de la época, en particular de las representaciones de las óperas de los compositores más cotizados, como Meyerbeer, Donizetti, Rossini, Bellini, Verdi o Wagner, entre otros.

Théophile Gautier es un amante del teatro. En ese sentido, no es de extrañar que la ópera le fascinara, dado que se trata de un espectáculo global. En sus críticas no suele hablar de la calidad de la voz de los intérpretes, sino más bien de la parte material y visible del drama. ¿Cuál sería entonces el verdadero gusto musical de Gautier? Si nos atenemos a lo que escribe en sus crónicas, le gustaba tanto la música italiana como la francesa. Entre sus compositores preferidos se encuentran Berlioz y Rossini. Gautier es un auténtico romántico que reivindica la libertad de la melodía despojada de las reglas de la armonía. Igualmente, como la mayoría de los escritores de la segunda mitad del siglo, se rinde ante la imponente música wagneriana. En ese aspecto, el escritor supera la estética romántica y, del mismo modo que Baudelaire, se adentra, bajo la influencia del compositor alemán, en la modernidad. Como afirma Evans, Gautier sucumbe a la belleza de la ópera wagneriana hasta el punto de declarar: «Yo, que no soy más que un asno en música, no me anduve con cumplidos, según dicen, *Tannhäuser* me pareció simplemente una ópera muy bella» (Evans, 1978: 49). Sin embargo, el teatro ideal de Gautier es mucho más sofisticado que el teatro místico de Wagner, su sueño de la escena teatral consiste en grandes combinaciones de luces y de colores. Gautier se decanta por un teatro muy visual, ese espectáculo debe entrar más por los ojos que por la música. Su gran acierto cuando habla de música consiste en intuir la modernidad. Como Baudelaire, es consciente de las posibilidades de comunicación entre las artes. A partir de esa idea escribe poemas en los que muestra cuál es su noción de la estética de la transposición. Así lo expone en el poema «Variations sur le Carnaval de Venise» *(Émaux et Camées)* donde, de acuerdo con el estudio realizado por el crítico Francis Claudon, muestra cómo el orden formal (la orquestación del poema) se alía con el orden visual. El encanto de este poema reside en el hecho de que el lector «se pierde entre lo visual y lo musical y deambula entre las máscaras cómicas o sentimentales» (Claudon, 1988: 26).

III. Una superación del Romanticismo: la filosofía musical de Balzac

Balzac visionario: el absoluto musical

Si tuviéramos que comparar la relación que los grandes novelistas del periodo romántico tuvieron con la música, probablemente tendríamos que afirmar, como hace Guichard, que Stendhal tenía un conocimiento extenso y renovado de la música. En cambio, Balzac tenía un gusto más limitado por ella. No obstante, su visión del mundo y del fenómeno musical superaba a la del novelista de Grenoble. Balzac, como subraya Guichard, «se preguntaba por la música, qué podría ser en sí misma y para los demás, mientras que Stendhal nunca hizo nada más que cuestionarse a sí mismo. Trataba a la música como un egotista, Balzac la trataba como un visionario» (Guichard, 1955: 329).

En efecto, de la misma manera que con su personaje Frenhofer anuncia la abstracción pictórica, Balzac, en su reflexión sobre la música, nos conduce a los confines del sistema tonal anunciando las vanguardias del siglo XX. Así, la imaginación de Balzac jugaría un papel fundamental a la hora de acercarse a un arte que no le era particularmente familiar. La música aparece en repetidas ocasiones en el universo del escritor, pero es solo en sus dos novelas musicales por excelencia, *Massimilla Doni* y *Gambara* (Balzac, 1979), donde se plantean de forma sistemática numerosas cuestiones teóricas sobre la creación artística musical.

A la hora de profundizar en el estudio de la música en Balzac, conviene tener en cuenta que, para escribir sus dos novelas, el escritor buscó la ayuda de amigos o especialistas en ese campo artístico. Fue de esa forma como suplió su falta de conocimientos técnicos o históricos y pudo enfrentarse con más seguridad a los espinosos problemas de la tonalidad, la modulación o la armonía. La mayoría de las sugerencias y consejos le fueron proporcionados por Jacques Strunz, un compositor de origen bávaro a quien dedicó *Massimilla Doni:*

> Mi querido Strunz, sería ingratitud no adjuntar su nombre a una de las obras que no podría haber hecho sin su paciente amabilidad y su buen cuidado. Así que dejo aquí testimonio de mi agradecida amistad, del coraje con que trató, quizás sin éxito, de iniciarme en las profundidades de la ciencia musical (Balzac, 1979: 543).

A diferencia de otros escritores, Balzac habla de ciencia musical porque pretende utilizar el arte en su búsqueda del «absoluto». Asimismo, acude al arte de la música para pensar filosóficamente sobre el principio creativo. Esta reflexión literaria le conducirá a consolidar su concepción de la música preconizando una estética vanguardista que tendrá su desarrollo posterior más allá del Romanticismo.

Como hemos visto, muchos escritores románticos franceses que se internan en el mundo de la música siguen el camino abierto por los estetas de la Ilustración. Asimismo, transitan por la senda trazada por el Romanticismo alemán. A pesar de su originalidad, Balzac no es una excepción. En primer lugar, está sujeto a la influencia histórica de la Ilustración, que defendió la física de la música. Tomemos como ejemplo su novela *Gambara*, su personaje principal, que da nombre a la obra, estudia la música centrándose en las leyes de la acústica, de la armonía y de las matemáticas. De la misma manera que Rameau, aplica las leyes armónicas y busca la causa del placer que produce la música en las resonancias del cuerpo sonoro. Recordemos que Rameau sostiene que de las profundidades de la armonía surge la melodía que se aplica a la palabra. Gambara también estudia esta posibilidad y escudriña la música y todos sus efectos cuestionando el instrumento y la voz humana al tiempo que se pregunta: «en qué se diferencian y en qué concuerdan escuchando las partituras y aplicando las leyes que aprendí de mi padre» (Balzac, 1979: 477). En segundo término, encontramos en *Gambara* un rastro de las teorías musicales de Diderot, en concreto las relativas a la disonancia que Gambara defiende firmemente. Como el filósofo de las Luces, el personaje ideado por Balzac cree que la disonancia es una necesidad que contribuye a incrementar el placer estético que nos brinda la consonancia. Gambara alaba la disonancia. En ese sentido, sus composiciones plagadas de disonancias forman parte de un sistema mayor que concibe la música como un todo: «Yo digo que la música es un arte tejido en las entrañas de la naturaleza», declara Gambara (Balzac, 1979: 479). En consonancia con las ideas de Diderot, Gambara defiende un universo estético marcado por la subjetividad. Como veremos posteriormente, la música de este personaje descrita en la ficción está poblada de sonidos extraños y de disonancias que los oídos de la época no estaban acostumbrados a escuchar en los conciertos. Pero Balzac irá aún más lejos. Digamos que la figura de Rousseau se perfila igualmente a través del discurso del novelista. Si Gambara defiende la armonía y la disonancia, tampoco desprecia la melodía y el sensualismo italianos. Balzac, amigo de Rossini, otorga un enorme poder a la melodía de este compositor y cree que la voz de la canción italiana también es capaz de llegar al corazón, de imaginar sueños e ideales humanos. Así, Balzac aboga por una estética ya concebida en la Ilustración. Las voces de esta filosofía le abren las puertas de la subjetividad y del sensualismo. Pero su visión del arte no se limita a traducir solo el espíritu del siglo XVIII, siguiendo en parte a Diderot e inspirándose en las nuevas corrientes provenientes de Alemania, Balzac completará su idea de situar a la música en un lugar de honor en la jerarquía de las artes. De este modo, observamos que su ideal estético en lo referente a la música pasa por la subjetividad, por una concepción introspectiva. Balzac sostiene que esa forma de entender la música nos ofrece placeres indefinidos difíciles de encontrar en otras artes.

En la senda de Hoffmann

El romanticismo musical de Balzac también se nutre de las lecturas de Hoffmann. En la dedicatoria de la novela *Gambara,* dirigida al marqués de Belloy, Balzac compara a su personaje con los seres que habitan el universo literario del escritor alemán: «Este personaje digno de Hoffmann, este portador de tesoros desconocidos [...] posee un oído para escuchar los cánticos de los ángeles y [...] cree expresar la música del cielo a los oyentes asombrados» (Balzac, 1979: 459).

No es casualidad que el nombre del escritor germánico aparezca en estas líneas. Como buen representante del Romanticismo, Balzac se hace eco de la definición hoffmanniana del arte musical cuyo tema es el infinito. Hoffmann cree que la música tiene la capacidad de transportarnos a lugares desconocidos, a un universo que nada tiene que ver con el mundo sensible que nos rodea. Balzac cree que el músico que mejor puede llevarnos hasta ese lugar es Beethoven. En sus *Écrits sur la musique* (1985), Hoffmann expresa su veneración por Beethoven, un genio aún poco conocido. Asimismo, sostiene que su música instrumental permite descubrir el poder del arte y acusa a quienes insinúan que sus obras son confusas. Para Hoffmann, la música de Beethoven es equilibrada, es fruto de una conciencia activa. Se trata de una música que expresa el temor, la nostalgia y guía al alma del ser humano, sin rodeos discursivos, hacia lo infinito y lo sublime. En la misma sintonía que Hoffmann, Balzac también busca en su novela lo absoluto del arte. Su personaje Gambara no se limita a estudiar el simple encuentro de la palabra y el canto. Es cierto que esa unión despierta los recuerdos del corazón y las imágenes de la inteligencia, no obstante, Balzac, como Hoffmann, piensa la música como el lenguaje universal de la naturaleza y busca en ella significados que despierten en nosotros sentimientos que están adormecidos. En general, Balzac se vale de la ópera para reflexionar sobre el arte de la música, pero realmente lo que más le fascina es la música instrumental, especialmente las composiciones beethovenianas. Por ello, en su novela *César Birotteau* se refiere a la *Quinta sinfonía* en do menor de Beethoven, una obra que conocía y le atraía porque la había escuchado dos veces, en 1834 y 1837, respectivamente. En esa obra, Balzac evoca un movimiento de la sinfonía «para hacer entender por analogía lo que significa en la existencia del perfumista Birotteau el baile que organiza para inaugurar su magnífico apartamento» (Guichard, 1955: 313). De hecho, la música de Beethoven es la elegida por el novelista para mostrar el éxito social del héroe, al que finalmente se le otorga la Legión de Honor. Pero, independientemente de los avatares de la historia de Birotteau, Balzac recurre a la sinfonía de Beethoven con el fin de transmitirnos su propia concepción de la música. Su análisis es completamente subjetivo y difícilmente se ajusta al clima de batalla y victoria del *allegro* beethoveniano. ¿Qué nos dice realmente? Más que un análisis concreto de las ideas musicales de la partitura, Balzac nos transmite las ideas de Hoffmann sobre Beethoven, en particular las relativas a la fuerza de su música instrumental, en este caso la *Quinta sinfonía,* que nos sumerge en el imperio de lo colosal y de lo inmenso. Por medio de rayos de fuego, la música beethoveniana relatada por Balzac se adentra en la oscuridad, en la profunda noche de ese imperio donde se pueden percibir sombras de gigantes que poco a poco nos envuelven hasta aniquilarnos. El narrador omnisciente recurre a esta música para transmitir al lector las impresiones que el poder musical de la sinfonía ejerce sobre el personaje de Birotteau. Pero en lugar de seguir la evolución armónica beethoveniana, Balzac escribe una página digna de Baudelaire, una invitación a viajar

> a un reino con puertas doradas talladas como las del baptisterio florentino que giran sobre sus goznes de diamantes. La mirada se pierde en espléndidas vistas, abraza una serie de maravillosos pa-

> lacios desde los cuáles se deslizan seres de naturaleza superior. El incienso de la prosperidad lo envuelve todo, arde el altar de la felicidad, circula un aire perfumado (Balzac, 1966: 184).

El imaginario poético de Balzac capta y expresa las delicias de la música, el misterio que abre un paréntesis en la vida cotidiana. Al final, otorgando un carácter semántico a los timbres de los instrumentos, nos devuelve, por medio de la transición profunda de los bajos orquestales, a la realidad. Sin ser un gran conocedor de la teoría musical, Balzac poetiza musicalmente su texto. Asimismo, tiene en cuenta las modulaciones porque sitúa el final del encantamiento justo cuando acaba la exposición del movimiento. En suma, como Hoffmann, el novelista piensa que la música puede expresar lo inexpresable. Se trata de un lenguaje infinito que, como veremos, Gambara descubrirá al final de sus experimentos vanguardistas. Acerquémonos con más detalle a la reflexión balzaciana sobre la ópera expresada en sus dos novelas musicales. Como tendremos ocasión de comprobar, fruto de ese trabajo, Balzac terminará por concebir una filosofía musical visionaria para su época.

La ópera soñada

Como ya vimos con anterioridad, la ópera, especialmente la italiana, fue el género musical más extendido en París durante el Romanticismo. *Gambara* (1837) y *Massimilla Doni* (1839), novelas publicadas en *La Revue Musicale* y en *La France Musicale*, respectivamente, forman parte, junto con el relato *Le chef-d'œuvre inconnu* (1831), dedicado a la pintura, de los

Études philosophiques (1835-1840), en los que Balzac reflexiona sobre la creación artística. Guiado por el deseo de filosofar sobre el principio creativo, en *Gambara* aborda el tema de la composición, mientras que en *Massimilla Doni* estudia los problemas de la interpretación. Valiéndose de las teorías de Strunz, las páginas de esas obras contienen aspectos muy técnicos. Balzac se sirve de tres óperas, dos de las cuales son reales: *Moïse en Egypte* (1818) de Gioacchino Rossini y *Robert le diable* (1831) de Giacomo Meyerbeer. La tercera, *Mahomet,* compuesta por el propio personaje de Gambara, es una creación ficcional del escritor. La apuesta balzaciana es un éxito. Según Sabatier, estas obras

> tienen un interés histórico indudable y dan fe de una gran personalidad. A pesar de algunos errores, fantasías o análisis que hay en ellas, presentan, salvando las distancias, un enfoque actual de la crítica y los principios analíticos modernos según los cuáles, en particular en el caso de la ópera, las nociones de forma, armonía, contrapunto o escritura deben, sobre todo, arrojar luz sobre las relaciones entre música, interpretación, dramaturgia o psicología (Sabatier, 2004: 191).

Por su parte, Claudon sugiere que Balzac tiene una especie de curiosidad filosófica y que está interesado, más que en una música específica, «en la capacidad de cualquier arte, sea el que sea, de nombrar lo inefable, de transmitir ideas y sensaciones» (Claudon, 1992: 210). En cualquier caso, Balzac demuestra que también se siente atraído particularmente por la música. Sabemos que entre 1831 y 1837 asistió con regularidad a los conciertos parisinos del Théâtre-Italien y a otros muchos conciertos sinfónicos. Con sus dos novelas «musicales», el escritor contribuye a transmitirnos una excelente descripción de la vida musical de la década de 1830. Antes de pasar al estudio detallado de estas dos novelas conviene tener en cuenta que, como anotamos anteriormente, *Gambara* fue publicada antes que *Massimilla Doni*, sin embargo, tanto por razones de cronología como por sus propuestas teóricas y filosóficas, es pertinente analizarla en segundo lugar.

Massimilla Doni

Massimilla Doni es sobre todo una obra rossiniana. A fin de elaborar su novela, Balzac se inspira en dos óperas del compositor italiano: *Le barbier de Séville* y *Moïse en Egypte*. Balzac centra su discurso en torno al problema de la interpretación y de la emoción. La acción de *Massimilla Doni* tiene lugar en Venecia. Balzac acababa de viajar a Italia y aún conservaba en su mente las imágenes de la vida cultural de esa ciudad, en particular la relevancia que tiene la música en la vida de sus habitantes. Balzac envidia el arte de vivir veneciano e italiano y declara: «Así es la vida italiana, el amor por la mañana, la música por la tarde, el sueño por la noche» (Balzac, 1979: 567). El escritor destaca la importancia de la ópera en Italia. La apertura de una temporada musical en el teatro La Fenice es un evento excepcional que no solo atañe a Venecia sino a todo el país. Como hiciera Stendhal, describe minuciosamente el ambiente que se respira en los palcos del teatro, incluidas las conversaciones en los pasillos que preceden al espectáculo. Con un enfoque realista, Balzac insiste en la importancia de la música, pero también en el papel que desempeña la ópera en la vida cotidiana. Es cierto que en una novela «filosófica» este tipo de descripciones parece superficial, pero el autor lo justifica de la siguiente manera: «Las cinco horas de la tarde-noche que pasamos en el teatro tienen un papel muy importante en la vida italiana, son muy útiles para explicar los hábitos creados por esta forma de pasar el rato» (Balzac, 1979: 568). Como si se tratara de un libreto de ópera, Balzac presenta en la primera parte a los personajes y los vínculos que los unen. Por un lado, la pasión espiritual de Emilio por la duquesa Massimilla, la mujer más incomparable de Italia. De otra parte, describe a la famosa cantante de ópera La Tinti, con quien Emilio saborea una ardiente pasión corporal. Otro personaje es el tenor Genovese, locamente enamorado de La Tinti. Cuando ella está presente en la sala, Genovese pierde su hermosa voz y su confianza en el escenario se tambalea. También hay dos apasionados por la música, Capraja y el duque Cataneo, cuyas discusiones sobre el arte de la música son ricas y profundas. Algunos personajes secundarios tienen igualmente papeles relevantes en la historia: un fumador de opio, Vendramin, que hace de mediador entre los amoríos de la duquesa con Emilio, y un médico francés que está de paso por Venecia con el que Massimilla intercambia opiniones en un palco de La Fenice acerca de las diferencias entre la música francesa e italiana. No obstante, a pesar de las instantáneas de la vida cotidiana, tan importantes en la literatura de Balzac, en este caso, la verdadera protagonista de la novela es la música. La unión del discurso con el canto ocupa un lugar central en ella.

La novela muestra el poder de la música cuando esta es creada por un mago de la talla de Rossini. Balzac expone sus opiniones sobre la música de dos formas. La primera tiene como objetivo mostrar qué sensaciones experimentan los románticos ante el arte musical. La segunda se basa en el análisis de la ópera *Moïse en Egypte* de Rossini. Ambas se complementan con la teoría de la relación de causa/efecto que tiene la música con el amor y con el famoso fiasco del final de la novela. En esta narración balzaciana, la música despierta sensaciones subjetivas, y cuando se asocia al amor destruye las capacidades artísticas de quien la ejercita. La música de Rossini es tan insinuante que el tenor Genovese desafina porque está enamorado de La Tinti, la prima donna, que comparte escenario con él. Además de estas historias vinculadas a la pasión y a la música, Balzac profundiza aún más en su pensamiento sobre el arte musical. Se podría decir que su reflexión es filosófica porque, como él mismo escribe, «el lenguaje musical es infinito, contiene todo, es capaz de expresar la totalidad» (Balzac, 1979: 609). Inspirado por Hoffmann, llega a la conclusión de que la música no es solo la más romántica de las artes, sino el arte por excelencia al que «solo se le puede culpar de ser infinito» (Balzac, 1979: 1549). ¿De qué manera incluye Balzac estos principios en la novela? El debate entre los dos melómanos de la historia contiene las principales ideas que Balzac quiere resaltar. Se trata sobre todo de ver hasta dónde llega el poder de la música vocal y de descubrir los sentimientos que es capaz de generar en los oyentes. La música de Rossini es única para expresar el amor, pero también para despertar en el alma mil ideas dormidas. Capraja defiende con ardor la manera de cantar del tenor Genovese, sobre todo sus exquisitos trinos. El trino es la máxima expresión del arte. El trino sería la unión perfecta de la música y la palabra, o sea, una forma poética del sentimiento. El trino va directo al corazón. Como fusión suprema de texto y música, apela no solo la inteligencia, sino también a los principios mismos de nuestras sensaciones: «El trino es, por tanto, lo único que les queda a los amigos de la música pura, a los amantes del arte en su total desnudez», argumenta Capraja (Balzac, 1979: 582). Este personaje también disfruta del placer que le aportan los arabescos de la música. Por el contrario, Cataneo considera que la perfecta conjunción de dos sonidos, la insuperable armonía de dos voces o de una voz y un violín, es más expresiva, mucho más mágica: «Este acorde perfecto nos lleva más al centro de la vida, al río de elementos que reaviva los placeres y que sitúa al hombre en medio de la esfera luminosa donde su pensamiento puede convocar al mundo entero» (Balzac, 1979: 582). En cualquier caso, ambos personajes están pensando y contemplando la posibilidad de un arte perfecto. La búsqueda de la perfección artística es un tema recurrente en Balzac. Muy a menudo expresa su intuición de un arte espiritual despojado de la representación. Frenhofer con la pintura y Gambara con la música encarnan esa idea en las novelas filosóficas del escritor. Al margen de la musicalidad rossiniana, la noción de arte puro también está presente en *Massimilla Doni.* Las palabras de la duquesa comentando las ideas de Capraja son muy significativas al respecto:

> Según Capraja, cada instrumento tiene su misión, y aborda determinadas ideas ya que cada color responde a determinados sentimientos que experimentamos. Mientras contemplas los arabescos dorados sobre fondo azul ¿acaso tienes los mismos pensamientos que despiertan en ti los arabescos rojos sobre fondo negro o verde? Tanto en un cuadro como en el otro, no hay figuras, no se expresan sentimientos, hay arte puro, y sin embargo ningún alma permanecerá indiferente al contemplarlos (Balzac, 1979: 608).

La música, en su perfección, es capaz de conducirnos al infinito y hacernos saborear las alegrías que se encuentran en un lugar anhelado al cual es difícil acceder.

La música vocal descrita en la narración es también susceptible de arrebatarnos. Para Balzac, el compositor más capaz de hacer realidad la embriaguez dionisíaca es Rossini: «Hay que ser poeta y músico para entender esa música» (Balzac, 1979: 587), declara la duquesa Massimilla sobre la ópera *Moïse en Egypte*. El análisis que realiza el novelista de esta ópera corrobora su preferencia por la música moderna en lengua italiana. Se podría decir que Balzac se convierte en el portavoz de la herencia de Rousseau cuando sugiere que el genio y el intelecto franceses son demasiado positivos para despertar sensaciones puras. Balzac dedica páginas enteras de gran belleza literaria a elogiar a la música italiana y a compararla con el espíritu francés. Pensemos, por ejemplo, en los diálogos entre el médico francés de paso por Venecia y la duquesa. En uno de ellos, el médico está deslumbrado por la música de Rossini, sin embargo, en su conversación con la duquesa muestra que aún está influenciado por la mentalidad clásica que en el pasado representó la música de Lully. Por mucho que la duquesa intente explicarle la grandeza del espectáculo total de la ópera *Moïse en Egypte*, el médico solo piensa en los encantadores bailes campestres de la ópera-ballet de los siglos XVII y XVIII. La duquesa le responde que con esa mentalidad racional nunca llegará a apreciar la poesía sublime. Según ella, el espíritu francés no comprende las capacidades expresivas de esa música porque «la divulgación de las grandes ideas a través de las melodías de baile de su país caricaturiza la música. El espíritu mata el alma, como el razonamiento mata a la razón» (Balzac, 1979: 594). Así, valiéndose del discurso de la duquesa, Balzac defiende las nuevas ideas sobre la música expresadas por los filósofos del siglo XVIII. Para él, la melodía debe prevalecer frente a la armonía. Como expresa Massimilla en la novela: «Rossini triunfará en su país [Francia], estoy segura de ello, por su música espiritual y sensual. Confiemos en las almas nobles y enamoradas del ideal que sin duda hay allí, ellas apreciarán la elevación y la grandiosidad de semejante música» (Balzac, 1979: 595).

La melodía reina en esta música rossiniana tan adecuada para la noble exaltación interior. Pero si en el siglo XVIII Rousseau hablaba de sencillez, Balzac irá aún más lejos. Ciertamente considera que la melodía de Rossini es magnífica, pero su forma de armonizar no es para nada desdeñable. Así, alaba la calidad de la armonía del compositor italiano señalando que no tiene nada que envidiar a las creaciones musicales de los alemanes o de los franceses. Los acordes utilizados por Rossini en la introducción de su ópera para mostrar la elegía del pueblo egipcio golpeado por la desgracia son realmente impactantes. Stendhal así lo constató, y a Balzac tampoco le dejan indiferente, de ahí que insista en la capacidad de la música de Rossini para equilibrar la verticalidad y la horizontalidad. «Querido Rossini —dice Massimilla en la novela— hiciste bien en tirar este hueso para que lo royeran los alemanes que no creen que poseamos el don de la armonía y de la ciencia» (Balzac, 1979: 589). De esta forma, Balzac eleva la ópera *Massimilla Doni* al grado de poema musical, fruto de una inspiración única. Observa de qué manera en esa creación la unión de la literatura y de la música se acerca a lo sublime. El novelista se refiere al cuarteto «Mi manca la voce», que sería un modelo en el cual se puede admirar la capacidad de Rossini para variar las formas. Los efectos rossinianos provienen de su facultad de modernizar las formas canónicas, de acoplarlas a una orquesta que solo acompaña las voces con arpegios de arpa. Rossini utiliza el canon a cuatro voces haciendo de este pasaje «una de las obras maestras que resistirá todo, incluso el tiempo, ese gran destructor de los modos en la música, porque se ha servido del eterno lenguaje del alma que nunca varía» (Balzac, 1979: 603). En suma, para nuestro novelista, Rossini es un gran artista que se mantiene fiel a un ideal estético preciso. Sin renunciar a la tradición francesa, Balzac crea una teoría de la música que incluye tanto al sensualismo italiano como al idealismo alemán. Pero en su afán de la búsqueda de lo absoluto, explorará nuevos horizontes con su novela *Gambara*. Como veremos a continuación, en ella afianzará su concepción vanguardista de la música.

La extravagante vanguardia de *Gambara*

Françoise Escal sostiene que con esta novela «nos adentramos aún más en los misterios del proceso artístico; Balzac se sumerge en el universo que envuelve la concepción de la obra» (Escal, 1992: 217). La novela *Gambara* es un pequeño tratado de filosofía de la música, de la música que existe independientemente de la interpretación. La acción de *Gambara* nos sitúa en una posada parisina del Palais Royal veinte años después de *Massimilla Doni*. La mayor parte de la historia gira en torno a un músico italiano de Cremona, Gambara, que ha llegado a Francia procedente de Alemania. En París vive en precarias condiciones materiales junto a su joven esposa Marianna, que es cortejada por el conde Andrea Marcosini, un noble milanés exiliado en Francia. Este último es el encargado de replicar al genial compositor Gambara cuando expone sus originales teorías sobre la música. Gambara es el mentor de una nueva y grandiosa música que interpreta por medio del «panarmónico», un instrumento inventado por Mälzel en 1804. Este extravagante personaje balzaciano desea elevar el arte musical por encima de la realidad. Su idea obsesiva de una música nueva le conduce a las puertas de la locura. El texto contiene una gran cantidad de disquisiciones sobre el significado de la música. En su ficción, Balzac repasa las teorías musicales antiguas y modernas tomando como base dos óperas, una real, *Robert le diable* de Meyerbeer, y otra ficticia, *Mahomet,* creada por el propio protagonista de la novela: Gambara. Muy acertadamente Guichard subraya que en esta novela «encontramos la burla habitual contra la música francesa, ligera y superficial, así como la tradicional oposición entre la música italiana y la música alemana, más precisamente, entre el sensualismo italiano y el idealismo alemán» (Guichard, 1955: 326).

Gambara afirma que la música es el único arte capaz de lograr «que nos miremos a nosotros mismos desde nuestra propia interioridad» (Balzac, 1979: 480). En ese aspecto, Balzac se aparta definitivamente de las teorías imitativas clásicas y concibe la música como un medio para ir más allá de los placeres puramente sensuales. ¿Qué propone realmente? Si tomamos en cuenta lo que expone Gambara en la ficción, Balzac concibe una música nueva, totalmente vanguardista. Así, ante el desprecio que Marcosini siente por la música italiana, Gambara responde: «Sus palabras que estigmatizan el sensualismo italiano, defienden, según mi parecer, el idealismo alemán, que no es más que una funesta herejía» (Balzac, 1979: 476). Tras esta rotunda afirmación, se puede fácilmente deducir que la filosofía musical que vehicula la novela traspasa las fronteras del Romanticismo.

Balzac abre las puertas a un nuevo arte que no reniega del pasado clásico, un arte que englobaría al mismo tiempo la pasión y la emoción sin renunciar a la acústica y a las matemáticas. De hecho, Balzac no desdeña en absoluto la ciencia de la música. Su alegato a favor de la armonía y de las infinitas posibilidades que nos ofrece corrobora ese hecho. Por ello, Gambara concibe la música como ciencia y como arte: «Sus raíces en la física y las matemáticas la convierten en ciencia y deviene un arte a través de la inspiración que utiliza inconscientemente los teoremas de la ciencia» (Balzac, 1979: 478).

Por un lado, Balzac reivindica el legado de Rameau y, por otra parte, ya piensa en una música futura que tampoco renuncie a las teorías sobre la melodía que, en el siglo XVIII francés, anunciaron el Romanticismo musical. Balzac asigna un lugar especial a la melodía en la música nueva, es decir, a esos acordes disonantes y desconocidos que por medio de su ficción irrumpen en la estética romántica. A ese respecto, Balzac manifiesta una noción más abierta de la música que Rameau. Más bien se podría pensar que se inspira en las teorías musicales desarrolladas por D'Alembert que establecen que hay una gran cantidad de acordes en la naturaleza. Aunque no está del todo convencido de que el oído pueda acostumbrarse a cualquier combinación tonal, D'Alembert, como vimos con anterioridad, está a favor de la experimentación para educar al oído en los nuevos sonidos. En la novela balzaciana que nos ocupa, el compositor Gambara, en su búsqueda del «ideal», crea acordes que la teoría musical no contempla. Así, según nuestro criterio, su fracaso como compositor, en el que tanto ha insistido la crítica, no está muy claro puesto que anuncia las teorías armónicas futuras. Balzac teoriza sobre la música y su imaginación literaria abre las puertas a una concepción de ese arte como un todo. De este modo, supera los debates de su época centrados particularmente en la oposición entre el idealismo y el sensualismo.

Los debates entre el conde Andrea Marcosini y Gambara alcanzan su paroxismo cuando analizan la técnica musical en la ópera *Robert le diable* de Meyerbeer. El conde advierte que en la partitura se da una excesiva prioridad a la armonía. De esta manera, el hilo melódico que se dirige al corazón, y gracias al cual surgen sentimientos, queda oculto: «La melodía, ese hilo dorado que nunca debe romperse en una composición tan amplia desaparece muy a menudo en la obra de Meyerbeer. El sentimiento no tiene cabida en la obra, el corazón tampoco tiene un papel en ella» (Balzac, 1979: 500).

Por el contrario, Gambara sostiene que esta inclinación por la ciencia armónica es la más adecuada para resaltar el admirable canto del infierno. La ópera de Meyerbeer sería superior a las óperas de Gluck. Así, Balzac se alía con la tradición alemana que prefigura el mundo wagneriano, especialmente en lo que respecta a los efectos prodigiosos de esa música. De esta forma, la atmósfera sobrenatural de la ópera *Robert le diable* poseería una enorme fuerza artística si se la compara con las obras de Gluck. Para Balzac esto es cierto, no solo en el ámbito armónico, sino también desde el punto de vista de la declamación: «No, la declamación en la obra de Gluck nunca tuvo un efecto tan prodigioso, estoy asombrado de tanta ciencia» (Balzac, 1979: 01). Balzac intuye una música futura. No podemos estar más de acuerdo con Sabatier, cuando sostiene que el héroe de Balzac se aleja de los arrebatos del corazón y de las tormentas de las pasiones (Sabatier, 2004: 221-222). En *Gambara,* Balzac idea nuevas formas de expresión musical que ya no son propiamente románticas sino vanguardistas. Sin duda la música que propone es claramente rupturista. En sus inusitados análisis de la obra, Gambara intenta convencer al conde de la calidad de la partitura. Le conmueve escuchar la nueva música, las armonías poco ortodoxas. Nunca dice que este arte puede acabar con la sensibilidad porque, buscando la perfección, ve en él un profundo equilibrio entre la línea horizontal y la verticalidad armónica: «El hilo dorado de la melodía se mueve siempre por la poderosa armonía como una esperanza celestial, la entreteje, ¡y con qué honda habilidad!» (Balzac, 1979: 507). Además, expone que esta ópera alemana se centra más en la condición humana donde «todas las existencias individuales pueden estar ligadas a ella por la memoria» (Balzac, 1979: 510). Tanto por la coherencia musical como por los temas, Balzac, en la senda beethoveniana, avanza hacia una estética nueva. Por medio de la literatura, busca traspasar los límites de la música de su tiempo. Sin embargo, su propia reflexión estética le mueve a plantearse nuevas preguntas. Gambara nos lleva muy lejos en la búsqueda del «ideal» porque su razonamiento extiende las posibilidades expresivas del arte a un territorio inexplorado, de este modo, se convierte en el portavoz de las intuiciones más vanguardistas del escritor y compone una ópera, *Mahomet,* con la finalidad de plasmar en ella unas innovaciones musicales que rompen las reglas tradicionales de la composición. Sin duda, esta ópera ficticia, rica en audacias de todo tipo, ejemplifica de manera patente las premoniciones balzacianas sobre un arte futuro. Esta obra filosófica sobre la estética musical está dirigida al público parisino asiduo de los conciertos. Balzac recuerda que escuchar música significa algo más que recibir pasivamente impresiones musicales, por ello, anima a la gente a que active su imaginación y enriquezca esas impresiones por sí misma. Por vía de su reflexión estético-ficcional expone lo que considera la esencia pura del arte musical porque, como escribe, «en la naturaleza existe una música eterna, una melodía dulce, una armonía perfecta» (Balzac, 1979: 486). Pero la búsqueda de este absoluto estético va de la mano de la locura. Gambara termina por sentirse un dios de la composición ya que cree estar en posesión de: «todas las riquezas de la melodía y de la armonía, de la orquesta y de la teoría coral» (Balzac, 1979: 493). De este modo, Balzac expresa su concepto ideal de la totalidad artística. Al narrar la vida de *Mahomet* recurriendo a una composición operística ficcional, el escritor reúne en la novela todas les emociones humanas y divinas a la vez que expone una concepción épica de la ópera. Su grandiosa manera de revivir la historia de la humanidad recuerda a Wagner. Guichard señala que Balzac es un precursor del autor de la *Tetralogía.* No solo desprecia a los autores de los libretos operísticos, sino que, del mismo modo que Wagner, «no quiere una obertura que sirva para todo, por decirlo de alguna manera, sino una obertura microcósmica que contenga todos los temas y motivos que se desarrollarán en la ópera» (Guichard, 1955: 328). Si bien esta afirmación es en parte cierta, el hecho es que la música ideada por Balzac en la novela *Gambara* supera con creces el fluir de lo que sería la infinita melodía wagneriana. Las reglas de la composición tonal desaparecen de la partitura, de manera que se llega a un punto en el que solo queda una gran cantidad de sonidos discordantes lanzados al azar. La cacofónica reina en la composición que en la ficción concibe Gambara. Probablemente el propio Balzac fuera incapaz de definir la intuición creativa de su propio personaje. El conde Andrea Marcosini, interlocutor de Gambara en la narración, tampoco sale de su asombro ante tan magnas audacias musicales. En medio de su vertiginoso desconcierto piensa que se trata de una nueva música que requeriría nuevas palabras para definirla y entenderla. En realidad, lo que Balzac propone en esta novela es liberar a la música de las limitaciones románticas que obstaculizaban su desarrollo. Gambara se mantendrá fiel a ese ideal artístico que, sin duda, podemos calificar de vanguardista.

¿Hasta dónde nos lleva la reflexión estética balzaciana? En su locura creadora, Gambara suprime de su partitura los instrumentos, puesto que está convencido de que el panarmónico es capaz por sí solo de reemplazar a toda una orquesta. La nueva música está en sintonía con la sonoridad de ese extraño instrumento: «la música más pura y suave que el conde hubiera escuchado nunca se elevó bajo los dedos de Gambara como una nube de incienso por encima de un altar» (Balzac, 1979: 496). Por medio de este excéntrico compositor, Balzac ofrece al lector la imagen de un creador que se ha mantenido fiel a un ideal artístico innovador y visionario. Con la escritura de esta novela, Balzac se convirtió en el único escritor romántico que percibió y planteó que las reglas del arte no son eternas. El caos estético resultante de la mente de un artista al borde de la locura sigue siendo una de las mayores intuiciones relativas al arte musical de los escritores románticos franceses. Quizás la desgracia de Gambara, escribe Balzac, «proceda de haber escuchado los conciertos de los ángeles y de haber creído que los hombres podrían entenderlos» (Balzac, 1979: 516).

En resumidas cuentas, no podríamos hablar de literatura de la música en el Romanticismo sin analizar la visión filosófica del fenómeno musical en Balzac. A diferencia de sus contemporáneos, este novelista, en su búsqueda del absoluto, estudió en profundidad la ciencia musical. El repaso de sus dos novelas dedicadas a la música, *Massimilla Doni* y *Gambara*, permite confirmar, en primer lugar, su apego al siglo anterior y su interés por la teoría armónica y la disonancia. De igual manera, hemos podido comprobar la importancia que Balzac concede a la melodía italiana de la que Rossini fue el representante más ilustre. Como Víctor Hugo, también se basa en fuentes germánicas. Balzac, siguiendo a Hoffmann, elogia las capacidades de Beethoven para sacarnos del mundo sensible que nos rodea. No obstante, su teorización sobre la música abrirá otras vías más vanguardistas.

A modo de síntesis podríamos decir que en *Massimilla Doni*, Balzac hace una amalgama de la tradición francesa heredada de la Ilustración, del sensualismo italiano y del idealismo alemán. Pero es en la novela *Gambara*, cuyo protagonista se esfuerza en buscar el «absoluto», donde el escritor nos sitúa frente a otro «ideal» artístico. Esta novela marca un punto de inflexión en su concepción de la música dado que pone de relieve que la rigidez de las reglas musicales fijas no permite expresar algo que vaya más allá de las pasiones. Al crear un personaje adelantado a su tiempo que se sirve de un instrumento nuevo (el panarmónico, capaz de sustituir a la orquesta), Balzac imagina una nueva música que rompe con las reglas que parecían eternas. La estética que propone presagia, sin duda, el papel que tendrán las vanguardias de finales del siglo XIX y principios del XX. Balzac fue el primer escritor que en la ficción se atrevió a cuestionar los límites del lenguaje musical clásico y totalmente tonal. En parte, su idea de una nueva música se hará realidad en la Francia de la segunda mitad del siglo XIX cuando la estética wagneriana comience a ejercer una notable influencia en la poesía francesa simbolista y de la modernidad.

IV. El wagnerismo de Baudelaire y Mallarmé

Un nuevo camino artístico

La estética wagneriana ejerció una notable influencia en los poetas de la segunda mitad del siglo XIX. Después de los escritos de Baudelaire en defensa del compositor, la ola de admiradores aumentó de manera constante. Fue a partir de 1875, tras la publicación de *Le drame musical* de Schuré, cuando los conceptos de «arte puro» e «ideal» irrumpieron con fuerza en el mundo de los intelectuales de la época. El simbolismo vio en el creador alemán una respuesta a sus inquietudes artísticas, aunque, según escribe Michaud, en la *Revue Wagnérienne*, que se publicó entre 1885 y 1888, cada uno interpretaba a Wagner según sus propias teorías (Michaud, 1947: 326). Ciertamente, el músico que aparece en los artículos que le dedicaba dicha revista tiene mil rostros diferentes. Sin embargo, los escritores que colaboraron en esa publicación tenían el mismo objetivo: crear una «literatura wagneriana» capaz de reunir los diferentes géneros literarios (Bernard, 1959: 19). En ese sentido, la poesía tendrá un papel musical mientras que la prosa conservará el poder de transmitir conceptos. De todas formas, como señala Sieburth, los simbolistas wagnerianos contribuyeron a la creación

> de un embrión de «teoría», es decir, a utilizar un metalenguaje que permitirá a la poesía contemporánea reflexionar sobre sí misma desde un punto de vista filosófico y constituirse conscientemente como un programa pionero para la transformación de las artes (Sieburth, 1993: 745).

Wagner fascinó a los poetas mostrándoles un nuevo camino artístico. Por ello, nos parece relevante abordar en los apartados que siguen cómo se manifiesta la fascinación de Charles Baudelaire (1821-1867) y Stéphane Mallarmé (1842-1898) por la música wagneriana. Ambos poetas dedicaron al compositor alemán algunos de sus escritos. Como veremos detalladamente, Baudelaire lo hizo en 1860 y 1861 y Mallarmé en 1885. El espacio de tiempo entre sus respectivas obras puede explicar la diferente actitud que cada uno adoptó al abordar el tema wagneriano. A pesar de ello, sus lecturas de Wagner tienen un punto en común: servirse de la música como pretexto para reflexionar acerca de sus propias creaciones poéticas. Como apunta Lacoue-Labarthe, «Baudelaire, bajo una aparente sumisión, nunca deja de trabajar en una verdadera *baudelairización* de Wagner. Por su parte, Mallarmé intentará a toda costa liberarse del primer complejo que le generó el jeroglífico de la partitura» (Lacoue-Labarthe, 1991: 83).

Charles Baudelaire

En la década de los sesenta del siglo XIX, la música de Wagner fue mal recibida en Francia. Durante los tres conciertos que el compositor ofreció en 1860 en la Salle Ventadour de París, tanto el público como la crítica reaccionaron de forma hostil contra su persona y su música. Baudelaire se sintió indignado y avergonzado de un país tan insensible al genio del maestro germano. Para distinguirse «de todos esos imbéciles», Baudelaire envió a Wagner una carta, fechada el 17 de febrero de 1860, en la que le mostraba todo su agradecimiento y su total adhesión a su música. Catorce meses después, en abril de 1861, publicó en la *Revue Européenne* el ensayo «Richard Wagner y *Tannhäuser* en París» (Baudelaire, 1976: 779-815) en el que mostraba su apoyo incondicional al «drama musical».

Antes de referirnos al mencionado ensayo, recordemos brevemente cómo el poeta expresa en la carta de 1860 su admiración por Wagner. En ella, Baudelaire escribe que inmediatamente se dejó seducir por las profundas armonías de una música que reconoció como propia. También confiesa haber tenido prejuicios acerca de la nueva música que Wagner trae a Francia. Pero admite que ese lenguaje innovador le brinda un gran disfrute musical: «Al principio me pareció que conocía esa música, y luego al pensar en ella entendí de dónde venía este espejismo, me parecía que esta música era mía, y la reconocí como todo hombre reconoce las cosas que está destinado a amar» (Baudelaire, 1976: 1452). Como es sabido, la música desempeña un papel importante en la imaginación del poeta. Recordemos que en su hermoso soneto «La musique» (Baudelaire, 1975: 68) sigue los pasos de Rousseau con respecto a la influencia de la música en el alma y en la imaginación. La música inspira la creación poética y, al mismo tiempo, es fuente de placer y de pasión. En este poema, Baudelaire canta a una naturaleza cósmica marcada por la violencia de los vientos y de las tormentas, una naturaleza cuyo abismo contempla la humanidad. Es notoria la coincidencia del poeta con las teorías artísticas del universo wagneriano, en particular por la grandeza y la solemnidad de Wagner con respecto a los «grandes aspectos de la naturaleza» (Baudelaire, 1976: 1452). En su carta a Wagner, Baudelaire insiste en la fuerza de una música que lo subyuga hasta tal punto que se deja invadir por «la voluptuosidad verdaderamente sensual, que se asemeja a flotar en el aire o dejarse abrazar por el mar» (Baudelaire, 1976: 1452).

Baudelaire no oculta que las sensaciones que experimenta provienen de sus preocupaciones artísticas habituales. También alude a otras artes como la pintura. Así, las correspondencias entre las diferentes artes contribuyen al éxtasis del poeta. La música de Wagner es para él «una vasta extensión teñida de un color rojo oscuro» (Baudelaire, 1976: 1453). La evocación visual y totalizadora de Baudelaire se completa con un cuadro en el que la incandescencia del fuego es atravesada por un cohete que traza surcos blancos en el blanco decorado que le sirve de fondo. Baudelaire se siente atrapado por la fuerza de la música. Se trata, como le dice a Wagner, de un «supremo grito del alma en su máximo paroxismo» (Baudelaire, 1976: 1453). En resumidas cuentas, en la carta al compositor Baudelaire expone no solo la manera en que la música concuerda con la poesía, con su propia poesía, sino también de qué forma él mismo se siente estremecido por la profunda reminiscencia del arte wagneriano. Pero el poeta irá aún más lejos en su intento de comprender a Wagner. La música de este compositor le hará reflexionar más profundamente sobre los límites de su propia poética. Veamos a continuación cómo expresa esta idea en su famoso ensayo «Richard Wagner y *Tannhäuser* en París».

Semanticidad de *Tannhäuser*

Un lector moderno familiarizado con la teoría literaria se sorprendería al leer el ensayo baudelairiano. El poeta cree que Wagner se sitúa en la cima del arte ya que su música sabe traducir «los tumultos del alma humana» (Baudelaire, 1976: 781). En primer término, Baudelaire hace referencia al poder de la música wagneriana instrumental. En este sentido, se interroga por el grado de semanticidad que se puede encontrar en la música que no va acompañada de un texto destinado al canto. En la actualidad estamos acostumbrados a las teorías sobre la poética de la lectura, asumimos que el texto literario tiene un efecto potencial que se concretiza durante el acto de leer. Desde las reflexiones decimonónicas que hiciera el poeta, también se ha escrito mucho sobre las potencialidades significativas de la música. Pero básicamente la vieja controversia no ha cambiado tanto sus términos. O nos ponemos del lado de las ideas expresivas de Wagner o Hanslick, o defendemos el formalismo puro de Stravinski o Schönberg (Fubini, 1994: 53). Si nos detenemos en el ámbito puramente francés, diríamos que la controversia es clásica: el formalismo matizado de Rameau que choca con las teorías relativas a las sensaciones que encontramos en Diderot y Rousseau. En cualquier caso, sería pertinente resaltar que Baudelaire desarrolla en el siglo XIX lo que podríamos denominar una poética de la audición. Así, Baudelaire cree que la música sinfónica de

Wagner se distingue por su carácter abierto y que cada oyente le otorga un significado cada vez que se interpreta. Eso también sería válido para la música en general, dado que la imaginación juega un papel importante porque se activa con el fin de llenar los espacios en blanco, los vacíos que existen en ella. Baudelaire lo expresa de la siguiente manera:

> A menudo, he oído decir que la música no podía jactarse de traducir algo con certeza, como hacen la palabra o la pintura. Eso es cierto solo en parte, pero no es totalmente verdadero. La música traduce algo a su manera y con los medios que le son propios. En la música, como en la pintura e incluso en la palabra escrita, que es sin embargo la más positiva de las artes, siempre existen lagunas que se completan con la imaginación de los oyentes (Baudelaire, 1976: 781-782).

Baudelaire considera que el grado de elocuencia de la música está relacionado con la sugerencia que proporciona. Para mostrar que la música wagneriana es universal, utiliza el texto que Wagner escribió en el programa del concierto sobre la obertura de *Lohengrin* y lo coteja con el análisis que hizo Liszt de esa misma obra. A continuación, expresa lo que él mismo imaginó mientras la escuchaba. Baudelaire constata que la coincidencia de sensaciones en los tres casos es evidente, lo cual le lleva a declarar que la música real es capaz de generar ideas análogas en cerebros diferentes. En consecuencia, afirma con seguridad que la música creada por Wagner concuerda con su teoría de las correspondencias entre las artes. En los tres casos, las sensaciones que destaca Baudelaire son idénticas: aislamiento, éxtasis, contemplación de lo infinitamente grande y de lo infinitamente bello, una luz intensa que pasa de los ojos al alma y del espacio extenso a límites concebibles. Sus comentarios son estrictamente poéticos evitando especialmente las alusiones a la teoría musical. No cita los pasajes donde Liszt habla de melodía, sonidos armónicos, registros de notas, motivos wagnerianos, etc. Su reacción es puramente emocional y poética. Tampoco alude a una nueva música basada en la melodía infinita ni se refiere a los matices o a las líneas monotemáticas del motivo único de la obertura. Baudelaire se centra en la universalidad del arte y en los efectos sinestésicos, que, por otra parte, constituyen el núcleo de una gran parte de sus propias creaciones poéticas. No es casualidad si en este ensayo alude a los dos cuartetos de su poema «Correspondances», subrayando que

> lo realmente sorprendente sería que el sonido no pudiera sugerir el color, que los colores no fueran capaces de dar la idea de una melodía y que el sonido y el color no fueran adecuados para traducir las ideas; las cosas siempre se han expresado por analogía recíproca, desde el día en que Dios pronunció que el mundo es complejo e indivisible (Baudelaire, 1976: 784).

El drama como arte totalizador

El interés de Baudelaire por la estética wagneriana no se limita a la música instrumental. Bajo la influencia del descubrimiento de una música que se expresa de manera universal, también profundiza intelectualmente en el estudio del *drama,* más precisamente en el modelo dramático preferido por Wagner, es decir, la tragedia griega.

La música de Wagner tiene la ambición de convertirse en un arte totalizador. Baudelaire no podía estar más de acuerdo con esa idea que supone una rebelión contra aquellos que, de manera absurda, anhelan «establecer para la eternidad el predominio de la música en el drama lírico» (Baudelaire, 1976: 788). No es casualidad que el poeta cite a Diderot como una de las mentes que en el pasado también se opuso a un drama lírico dominado por la música. Es obvio que Baudelaire había leído la *Lettre sur la musique* que Wagner dirigió en 1861 a Fréderic Villot, donde el compositor resume sus ideas sobre el arte que tanto escándalo causaron en Francia. Baudelaire piensa inevitablemente en Diderot, en particular en la concepción que el filósofo de la Ilustración tenía de la verdadera música en el drama, destacando que para Diderot la obra total «no puede ser otra cosa que el grito o el suspiro de pasión musicalizado y ritmado» (Baudelaire, 1976: 788). Asimismo, es muy significativo que el poeta, citando otra carta, en este caso la que Wagner dirigió a Berlioz, subraye los pasajes en los que Wagner estudia las relaciones «entre las diversas ramas del arte» (Baudelaire, 1976: 789). Wagner fue un estudioso de todas las posibles relaciones entre las artes. Al igual que Diderot en *Le neveu de Rameau,* examina los vínculos entre la plástica y la mímica, así como los lazos que vinculan la música y la poesía. Baudelaire acoge con entusiasmo la música y las ideas wagnerianas porque reflejan sus propias preocupaciones estéticas que también se orientan hacia una correspondencia entre las artes. Por consiguiente, no es de extrañar que, de manera análoga al compositor, crea no solo en la solemnidad religiosa y cívica del teatro antiguo, sino también en su capacidad totalizadora. Los pasajes de los escritos wagnerianos citados por Baudelaire dan fe de su total sintonía con el compositor. Prueba de ello es el extracto que resalta de la carta que Wagner escribió a Berlioz:

> Hoy nos extrañamos con razón que treinta mil griegos pudieran seguir con gran interés la representación de las tragedias de Esquilo; pero si buscamos los medios por los cuales se obtuvieron tales resultados, podemos darnos cuenta de que es por la alianza de todas las artes trabajando juntas para un mismo fin, es decir, para la producción de la obra artística más perfecta y la única real (Baudelaire, 1976: 789).

Con objeto de alcanzar ese «imperioso ideal» wagneriano, la unión íntima de las artes se convierte en una necesidad. Así se evitaría el agotamiento expresivo de un arte cuando alcanza límites insuperables. El poeta acepta que la música o la poesía tomen indiscriminadamente el relevo cuando una de las dos llega a su límite. Más aún, en su fascinación wagneriana, considera que es la forma del poema la que conduce al poeta al límite de su arte. Es entonces cuando la música toma el relevo porque «la obra más completa del poeta debería ser, en su versión final, una música perfecta» (Baudelaire, 1976: 791). No obstante, no debemos dejarnos guiar por esta declaración un tanto engañosa. Evidentemente, Baudelaire defiende a Wagner y a su música, pero lo hace como crítico literario. No debemos olvidar tampoco que estos textos los escribió para oponerse a la crítica ciega de su época, la que era incapaz de ver la novedad que aportó el drama musical wagneriano a la cultura de Francia.

Es igualmente relevante reseñar hasta qué punto Baudelaire, en su ensayo sobre *Tannhäuser,* coincide igualmente con Wagner cuando se trata de privilegiar la leyenda bajo su forma más pura: el mito. Para ambos, el mito es universal, sagrado y divino. Wagner abandona el ámbito histórico y designa al mito como el gran poema primitivo y anónimo del pueblo: «En el mito, en efecto, las relaciones humanas despojan casi por completo de su forma convencional e inteligible únicamente a la razón abstracta; muestran lo que realmente tiene la vida del ser humano, lo eternamente comprensible» (Baudelaire, 1976: 792).

Wagner cree que el mito es el género poético más puro. Una vez superada la razón humana, solo queda la emoción y esta se convierte en música, porque el arte de la música es el más adecuado para alcanzar el reino del sentimiento. El mito es una poesía natural que promueve la elevación hacia lo sagrado. Baudelaire defendió a Wagner porque, leyéndolo, más que escuchando sus obras, redescubre sus propias aspiraciones poéticas. El estado onírico específico de la escena y del tono de la leyenda wagneriana es una especie de trampolín que le permite acceder a la «nueva cadena de fenómenos del mundo» (Baudelaire, 1976: 792). Así, el poeta de «Correspondances» encuentra en la poética del compositor la liturgia de su propia poesía.

Baudelaire es ante todo un poeta que mediante su propio discurso crítico intenta transmitir, aunque sea imperceptiblemente, su estética. Sin duda, considera que Wagner es un gran poeta y un excelente crítico. Sin embargo, su ensayo es un juicio a los críticos puros, a aquellos que no son poetas porque, como anota: «Al lector no le extrañará que considere al poeta como el mejor de todos los críticos» (Baudelaire, 1976: 793). El Wagner de Baudelaire es, ante todo, un reflejo de su propio yo poético. A partir de las ideas estéticas del compositor, Baudelaire se afianza en tanto crítico y poeta. La música está a la vez presente y ausente en su ensayo. Digamos que la música que suena es la que escucha en su búsqueda de un paraíso perdido donde los perfumes, los colores y los sonidos se responden.

Sin perder de vista el camino elegido por el poeta, la última parte de su ensayo está dedicada a la dialéctica que lo atormenta en su existencia. *Tannhäuser* representa la lucha de los dos principios que se sitúan en el centro de la gran obra poética de Baudelaire: *Les fleurs du mal.* La ópera wagneriana simboliza, según Baudelaire, la batalla de las dos postulaciones simultáneas que existen en todo momento y en todo ser humano: una mirando hacia Dios, la otra hacia Satanás: «Todo cerebro bien formado lleva en sí dos infinitos, el cielo y el infierno, y en cualquier imagen de cada uno de estos infinitos, reconoce súbitamente la mitad de sí mismo» (Baudelaire, 1976: 795). Baudelaire centra sus comentarios en esta dualidad. De hecho, como es sabido, el caballero protagonista de la ópera wagneriana se debate entre el éxtasis religioso y el éxtasis sensual. A Baudelaire le fascina la parte instrumental de la obertura donde quien canta es la orquesta, prefiere esta forma porque la ausencia de la palabra permite que la imaginación fluya con toda libertad. También habla de los cantos que resumen el pensamiento del drama: el canto religioso y el canto voluptuoso. Por lo tanto, prefiere imaginar, dejándose llevar por el sonido orquestal, la lucha entre el objetivo de alcanzar la peregrinación universal, es decir, Dios, y la atracción por el placer, o sea, la terrible Venus. La música wagneriana se aleja del canto vulgar sobre el amor. El poeta desea ardientemente transmitir al lector la profundidad de un arte nuevo. No obstante, a pesar de la alusión al canto, es notoria la ausencia de referencias musicales en su texto porque, en realidad, lo que hace es escribir, como ya hemos señalado en reiteradas ocasiones, sobre su propia estética poética.

Baudelaire nos transmite de manera profunda la dimensión trágica de su poesía, que consiste en la aspiración a un conocimiento supremo que solo se puede alcanzar a través de la experiencia del dolor.

El caballero Tannhäuser también sufre, incluso dice que anhela el dolor. Duda entre la *Venusberg* y el cielo, entre la voluptuosidad y el «ideal». Venus habita en las profundidades de la tierra, donde se respira una atmósfera llena de fragancias asfixiantes. Baudelaire está fascinado por la victoria del orden ascendente en la ópera wagneriana y se siente aliviado en el instante en que Tannhäuser escapa de la cueva de Venus, una flor del mal que reina en una naturaleza madrastra. Cuando la música le devuelve a la tierra, Baudelaire escribe que quien asiste al drama también respira un aire puro, acepta sus alegrías con gratitud y las penas con humildad. Así, «la pobre humanidad es devuelta a su patria» (Baudelaire, 1976: 796). Esa es la razón por la que el poeta ve en el tema religioso una belleza sólida que se eleva por encima de los placeres agonizantes. Ese canto representa el éxtasis de la redención. Indudablemente, en este caso el misticismo baudelairiano se identifica perfectamente con el imaginario de la ópera wagneriana.

«Baudelairización» de Wagner

¿Pero dónde se encuentran en el ensayo «Richard Wagner y *Tannhäuser* en París» las cuestiones relativas al lenguaje musical que tanto le cautivan? Baudelaire se inspira musicalmente en Franz Liszt. Las largas citas del gran pianista y compositor que introduce en su texto colman las lagunas teóricas del discurso baudelairiano. Es Liszt quien perfila melódicamente el carácter de los personajes wagnerianos a la vez que designa los *leitmotiv* que personifican las ideas del drama. Pero cuando Liszt habla de la belleza de una música que no necesita el apoyo de un texto porque ya es en sí una verdadera poesía, Baudelaire reaparece e interviene para presentar su noción de modernidad, es decir, la noción de un arte poético que es concebido por medio del razonamiento, de la palabra. Finalmente, la música de Wagner es analizada desde su punto de vista y presentada como el fruto de una reflexión consciente. Instinto y cálculo forman parte del perfecto equilibrio que soñó el poeta. Baudelaire ama la ópera wagneriana en su totalidad. Cree que, incluso sin poesía, esa música sería una obra poética, porque «está dotada de todas las cualidades que constituyen una poesía bien hecha» (Baudelaire, 1976: 803). Para Baudelaire, Wagner ha sabido extraer mediante el arte musical «lo más oculto del corazón del hombre» (Baudelaire, 1976: 806). El poeta admira la doble personalidad artística del músico: el hombre apasionado y el hombre de orden. Le seduce la pasión artística de Wagner porque a través de sus obras musicales podemos adivinar las palabras que plasman este sentimiento: voluntad, deseo, concentración, intensidad nerviosa, explosión. Los excesos wagnerianos son signos del genio romántico. Los desbordamientos de la voluntad mostrados por el compositor son una especie de éxtasis, de delicias que provienen de «una crisis moral o física» (Baudelaire, 1976: 807). Le cautiva el hombre de orden porque Wagner ha meditado profundamente la reforma del drama lírico que, sin duda, tendrá una gran aceptación en el futuro. Para Baudelaire, la modernidad de Wagner radica en su deseo de equilibrar el genio creativo, ser original, con la actividad de un gran teórico. Su ensayo sobre *Tannhäuser* representa tanto una «baudelairización» del músico como una defensa de la música del futuro, sobre todo en lo que se refiere a la teoría de las analogías recíprocas. Por ello, en ese texto sobre Wagner, Baudelaire contribuye, al igual que con sus textos sobre las correspondencias artísticas, al desarrollo posterior del simbolismo poético, donde la música, siempre presente, tiende a ser reiteradamente literaturizada.

En suma, el Baudelaire admirador de Wagner es, ante todo, un poeta que a través de su propio discurso crítico trata de transmitir, aunque sea imperceptiblemente, su propia estética. Podemos decir que, en última instancia, Baudelaire procede, sin negar su admiración por el arte de la nueva ópera que llegó a Francia, a construir un Wagner baudelairiano.

Del jeroglífico al silencio poético: Wagner y el ideal musical de Mallarmé

Desde muy joven, Stéphane Mallarmé dejó constancia de que su interés por la música iba más allá de la simple audición. En «Hérésies artistiques. L'Art pour tous» (1862), el poeta dice sentirse deslumbrado por el lenguaje del otro, o sea, por el lenguaje de los compositores que se sirven de los misteriosos y sagrados jeroglíficos que conforman la partitura. Los signos musicales le atraen porque se sitúan fuera del alcance de las «curiosidades hipócritas» y «de la impiedad del ignorante y del enemigo»; el misterio que emana de estos signos «severos», «castos» y «desconocidos» genera en el poeta una «religiosa extrañeza» (Mallarmé, 2003b: 360). No cabe duda de que este orfebre de la palabra envidia el hermetismo de la escritura musical al tiempo que se lamenta de que la poesía, el mayor ejercicio artístico, incluso mayor que la música, no posea un grado conceptual tan rico. Es igualmente en ese texto de juventud donde aparece por primera vez el nombre de Richard Wagner, a quien asocia con el carácter sagrado y misterioso de la música. No fue hasta 1864 cuando, alentado por Catulle Mendès y Villiers de L'Isle-Adam, empezó a profundizar en el conocimiento de la obra del compositor alemán. Tanto Catulle Mendès como Villiers habían visitado a Wagner en su exilio suizo de Tribschen, a orillas del lago de Lucerna. Cuando retornaron a París, organizaron conciertos y recitales dedicados en su honor. Fue realmente a partir de ese momento cuando Mallarmé comenzó a mostrar mayor interés por Wagner y por la música en general.

Meylan señala que ya en 1865 aparecen pequeñas alusiones a la música en la correspondencia de Mallarmé (Meylan, 1951). De esta forma, en una carta fechada el 5 de diciembre de 1865, Mallarmé explica al poeta Henri Cazalis el sentido del recién creado poema «Sainte». Mallarmé se refiere a su escritura melódica: «Te envío un pequeño poema melódico que me pidió Madame Brunet» (Mallarmé, 2003a: 685). De la misma manera, en otra carta del 6 de diciembre de ese mismo año, esta vez dirigida a Théodore Aubanel, Mallarmé especifica que «Sainte» es «un pequeño poema melódico, concebido sobre todo con miras a la música» (Mallarmé, 2003a: 686). Pero, como sostiene la hija de Mallarmé, la mayor dedicación de su padre a escribir sobre la música data de mitad de los años ochenta del siglo XIX, es decir, cuando Wagner, siempre auspiciado por los simbolistas, alcanza la máxima popularidad en Francia. La creación en 1886 de la *Revue Wagnérienne*, cuyo fundador fue Dujardin, le ofreció la oportunidad de expresarse ampliamente sobre la música. En el texto «Richard Wagner. Rêverie d'un poète français» (1885), que el propio Mallarmé calificó de «mitad artículo, mitad poema en prosa», muestra que no es precisamente un gran conocedor de Wagner. Sin embargo, siguiendo la moda simbolista, procede a divinizar al músico, aunque realmente su intención profunda consistiera en intentar crear desde la poesía una obra de arte más perfecta que el drama wagneriano. En realidad, ese artículo sobre Wagner es ante todo una reflexión poética sobre el teatro. Como anota Guichard (1963: 87-98), Mallarmé escribe sobre un teatro ideal que ya anuncia su escrito «Crayonné au théâtre». Si bien el texto versa sobre Wagner, en él no hace referencia alguna a las óperas del compositor. Tampoco analiza los temas o las orquestaciones wagnerianas, lo que da fe de que sus competencias en teoría musical eran las de un profano que se siente atraído por el misterio de las partituras y de los sonidos. En realidad, Mallarmé califica a Wagner de usurpador del deber de los poetas (Mallarmé, 2003b: 154) y considera que el espectáculo teatral total propuesto por el músico no supone llegar a la cúspide de la revolución artística. Mallarmé tiene fe en el teatro y defiende el espectáculo del futuro, no obstante, como oportunamente apunta Suzanne Bernard, donde Wagner habla de asociar la poesía y la música, Mallarmé habla de recuperar lo que la música le ha arrebatado a la poesía (Bernard, 1959: 66).

Parece evidente que el artículo sobre Wagner es solo un pretexto para plasmar en él su propia idea de lo que ha de ser el hecho poético. Sin embargo, esto no significa que menoscabe a Wagner, al contrario, el poeta busca analogías en el compositor que puedan guiarle en la búsqueda de la poesía absoluta. En opinión de Mallarmé, los dramas musicales son modernos. Opina que Wagner es un experto en el uso de las artes y aprecia que haya roto con el teatro realista que buscaba la verosimilitud. Cree que el teatro anterior a la música partía de un concepto autoritario e ingenuo. La obra operística total wagneriana regida por la música sería más necesaria que nunca porque es un arte que puede transformar la escena teatral:

> Un simple añadido orquestal cambia todo por completo, anulando su principio mismo, el antiguo teatro, y es tan estrictamente alegórico que ahora el acto escénico, vacío y abstracto en sí mismo, impersonal, necesita, para ponerse en marcha con verosimilitud, del uso del vivificante efluvio que expande la música (Mallarmé, 2003b: 155).

Pero, también, el poeta reprocha al músico un cierto estancamiento. Aunque se inspira en los mitos y los relatos lejanos, Wagner, según el criterio de Mallarmé, no ha sabido salir del terreno de lo concreto, de lo empírico. De esta manera, el espíritu francés, imaginativo y abstracto, jamás concebiría el arte según el modelo germánico. El modelo teatral que propone Mallarmé es más bien un espectáculo supremo que se expande por la vía espiritual y simbólica. Mallarmé reconoce que Wagner ha sido pionero en la reforma escénica. Admite también que la fusión de las artes en el teatro supone dar un gran paso hacia la consecución del «ideal». No obstante, también señala que el compositor se ha quedado a mitad camino. «¡Oh! Wagner, sufro y me reprocho por los minutos perdidos por la lasitud, por no haberme unido a los que, aburridos de todo con el fin de encontrar la salvación definitiva, se dirigen al edifico de tu arte, que para ellos supone el final del trayecto» (Mallarmé, 2003b: 58).

Según Mallarmé, la monumental obra musical de Wagner no entraña la culminación de la búsqueda del «ideal». Es sabido que Mallarmé soñaba con un drama ideal desprovisto de todo, de lugar, de tiempo y de persona. Mallarmé buscará otras vías sin restarle, sin embargo, importancia a la música cuando se trata de superar el drama personal y se avanza hacia el «ideal». Para Mallarmé, Wagner tiene grandes aciertos, pero piensa que no reforma radicalmente la esencia del viejo teatro ya que sus dramas se mantienen fieles a la tradición (texto, personajes, decorados). A su entender, del universo wagneriano solo sería rescatable «el himen entre el drama personal y la música ideal» (Mallarmé, 2003b: 156).

El espíritu francés y la música suprema de «El Libro»

Mallarmé reivindica el «espíritu francés». La abstracción debe prevalecer con el fin de conseguir una obra de arte ideal, ya que las leyendas germánicas teatralizadas con la música wagneriana no alcanzan todavía el grado de pureza a la que aspira: «Si el espíritu francés, estrictamente imaginativo y abstracto y, por consiguiente, poético, ha de brillar, no será de esa manera, porque aparta, de acuerdo con el arte en su totalidad, al que es el inventor, la tragedia» (Mallarmé, 2003b: 157). A pesar de todo lo expresado, en el plano intelectual, la relación de Mallarmé con el músico alemán siempre fue ambivalente. Prueba de ello es que poco antes de morir tenía en su mesilla de noche un libro abierto sobre Wagner (Meylan, 1951: 31). Este doble sentimiento hacia el músico resulta aún más clarificador si comparamos el artículo que acabamos de reseñar, «Richard Wagner. Rêverie d'un poète français», con el soneto «Hommage à Richard Wagner», también escrito en 1886, en el que rinde un claro homenaje al nuevo teatro, justo cuando Victor Hugo, representante del teatro pasado, acababa de fallecer. Según Mauron, en ese soneto Mallarmé expresa una auténtica admiración por un músico que supo hacer lo que el poeta debería haber hecho con anterioridad, a saber, enterrar de una vez por todas el arte realista (Mauron, 1981: 177-179). Es así como el drama, «el principal pilar», se consolidaría como el máximo portavoz del arte. Diríase que en este soneto el poeta parece aceptar que la poesía juega un papel secundario frente a la música. Es mejor que la poesía descanse en un armario porque no tiene nada que hacer frente a los «jeroglíficos con los que se entusiasma la muchedumbre», proclama el poeta en el segundo cuarteto de dicho soneto (Mallarmé, 2003a: 99). Los dos tercetos del poema alaban en particular «al dios Richard Wagner», cuya consagración no puede acallar la escritura poética «ni siquiera con sollozos sibilinos» (Mallarmé, 2003a: 99). Esta toma de posición del poeta parece marcar un punto de inflexión respecto a lo que defendía en el texto «Richard Wagner. Rêverie d'un poète français». No obstante, esta sumisión mallarmeana es solo aparente. No cabe duda de que para el poeta, Wagner se convierte en el referente privilegiado al hablar del «drama moderno». Ahora bien, su concepción de la música como un conjunto de relaciones que existen en un todo es puramente poética. Mallarmé competirá de manera obsesiva con el músico hasta el final de sus días. De su continua reflexión estética extrae una clara conclusión: que la principal tarea de su poesía debe consistir en competir con la música. En lugar del drama, en tanto realización artística ideal Mallarmé propone «El Libro», que representa la supremacía del discurso poético sobre la música. Asimismo, sostiene que la música y la poesía son dos caras de una misma moneda. La música actúa de manera interior, en la profunda oscuridad de la materia, mientras que la poesía es luminosa. Como señala Richard, la poesía «jugaría con la atracción de la luz, con el prestigio estelar de la mente» (Richard, 1961: 398). En el momento de establecer una jerarquía, Mallarmé otorga un rango superior a la poesía, la cual, a sus ojos, abarca la música. Partiendo de esta idea, estima que la música se articula en dos fases. La primera se refiere a las sonoridades elementales de los instrumentos y a su ejecución concertante. La segunda, alude a la música que se encuentra en el centro de la escritura poética que solamente «El Libro», es decir, el texto donde callan los instrumentos, sería capaz de recrear. Se trata de una ausencia que nos devuelve el concepto puro, libre de toda contaminación, de una abstracción que no representa la realidad de la música, sino que la sugiere. En otro de sus textos, «Crise de vers» (1895), Mallarmé plasma esta idea cuando nombra una flor que en realidad no tiene ningún contorno, no es una representación de la realidad, sino una noción, una flor que «musicalmente se eleva» y está «ausente de todos los ramos de flores» (Mallarmé, 2003b: 213). En la jerarquía establecida por el poeta, la poesía ocupa un lugar preferente porque, aunque la lectura sea «un concierto tácito y solitario», la poesía «próxima a la idea es la música, por excelencia, no permite la inferioridad» (Mallarmé, 2003b: 226).

En este sentido, se podría decir que la ruptura de 1888 entre Mallarmé y René Ghil, poeta simbolista y gran defensor de la música, tiene que ver con discrepancias estéticas sobre la jerarquía de las artes. Sin duda, Mallarmé considera que el arte de su colega es incompatible con su propio desarrollo intelectual. En realidad, unos años antes Mallarmé ya había mostrado su disconformidad con René Ghil, a quien acusó de dejarse guiar en su escritura por el lenguaje musical: «Más que como escritor, usted escribe como si fuera un compositor», le reprocha Mallarmé (Meylan, 1951: 32). En efecto, los simbolistas, guiados en particular por René Ghil y por el poeta Paul Verlaine, trazaron un puente entre el conceptualismo parnasiano y la gran sinfonía de Mallarmé. Utilizando la música, en particular el modelo propuesto por la melodía infinita wagneriana, los simbolistas tenían como objetivo acabar con las rígidas normas de la versificación clásica. Sin embargo, Mallarmé no comparte en su totalidad la conocida frase de Verlaine: «Ante todo, la música», es decir, el sometimiento de la escritura a una indolencia armónica que carece de rigor rítmico y de una estructura sólida. Mallarmé vivió con la idea de «El Libro», cuya música sería más sublime que la de los sonidos. Como expresa en la conferencia que impartió en Oxford y Cambridge en abril de 1884, cuyo título era «La musique et les lettres», a la hora de escribir poesía no es cuestión de buscar solo la musicalidad por encima de todo, dado que la música y la literatura forman parte de un único fenómeno que él denomina «la idea» (Mallarmé, 2003b: 69). ¿Pero qué propone exactamente Mallarmé? Más allá de la rima o de la musicalidad, lo que reivindica es la musicalidad del silencio. Como acertadamente señala Aimé Patri, Mallarmé es hostil al ruido de la música y reclama una música del silencio (Patri, 1952: 103).

Con el propósito de reclamar la restitución del «silencio imparcial», Mallarmé concibe su famoso poema «Un coup de dés jamais n'abolira le hasard» (Mallarmé, 2003a: 368-407). Se trata de una obra experimental que formaría parte de «El Libro» y que Mallarmé nunca vio impresa puesto que no se publicó hasta 1914. Consiste en un ejercicio de escritura poética experimental sin precedentes, por medio del cual Mallarmé aspira a encontrar nuevos elementos que aportar a una hipotética transposición de procedimientos musicales a la hora de realizar la perfecta creación poética que tanto le preocupaba. En lo que denomina «Observation relative au poème. Un coup de dés jamais n'abolira le hasard» (1897), que en realidad es un prólogo a la edición previa al original del texto, Mallarmé nos invita a arrebatar al reino de la música de concierto lo que pertenece a la literatura (Mallarmé, 2003a: 392). La alianza del verso libre y del poema en prosa se realiza bajo la influencia de la música que Mallarmé escucha en los conciertos y en la que, según su opinión, hay muchas formas que pertenecen a la literatura. Su anhelo es recuperarlas e integrarlas en su creación poética. Es innegable que en este poema late con fuerza el corazón puro del ritmo mallarmeano. Ritmo espacial y ritmo temporal conviven en la redacción de esta magnífica partitura donde las partes en blanco adquieren una gran importancia, donde la versificación está marcada por el espaciado de la lectura.

Como ya hemos señalado anteriormente, Mallarmé establece una jerarquía de las artes situando a la poesía, o más bien su concepción de la poesía, en la cima. Pero el poeta no se detiene en esa fase, en su exploración sobre la nueva poesía musical, nos invita a leer en silencio. De esta forma, la música de los sonidos y de las entonaciones pasa a un segundo plano. «El Libro» ha de competir con la música estridente de Wagner. Por esa razón, su escritura rivaliza con las óperas dramáticas del compositor germánico, porque, en definitiva, lo que Mallarmé desea conseguir es un «drama» sin canto ni acompañamiento. Por medio de esa forma creativa el poeta pretende llegar a la esfera del susurro y finalmente al silencio, el único lujo que existe más allá de la rima poética. Pero, paradójicamente, para alcanzar la esfera de ese silencio el poeta utiliza recursos musicales y orquesta su escritura.

Algunos autores como Austin o Roulet han estudiado el poema «Un coup de dés jamais n'abolira le hasard» como si se tratara de una obra musical. Así, Roulet, apoyado en el tratado clásico de composición de Richter, ofrece un enfoque atractivo sobre la estructura fugada del poema (Roulet, 1947). Las teorías de Austin sobre los matices musicales del texto, «pianissimi», «leit motive», «fortissimi», silencios, son bastante sugerentes (Austin, 1951: 154-180). Pero lo cierto es que Mallarmé quiere hacer su música como poeta y no como músico.

En el poema «Un coup de dés jamais n'abolira le hasard», la disposición de las palabras recrea las formas de una partitura y no descarta tampoco fases de una lectura en voz alta que conviviría con esos silencios marcados por los espacios sin texto: «el uso desnudo del pensamiento con retiradas, prolongaciones, huidas, o su mismo dibujo [...] para quien desee leer en voz alta una partitura» (Mallarmé, 2003a: 391). Llegados a este punto, conviene subrayar que, en la teorización mallarmeana, las palabras de ese poema no son más que simples medios de comunicación material con el lector, lo importante son los silencios, los espacios sin escritura, que aparecen entre las líneas del texto dado que en ellos late una música más elevada, superior a la producida por la orquesta. Son esos espacios sin texto los que nos conducen a la esfera de la «idea». Esta creación poética corrobora la necesidad de Mallarmé de componer su propia música desde la poesía. «Un coup de dés jamais n'abolira le hasard» es un puro ejercicio intelectual, un acercamiento al silencio usando una estructura melódica y lineal. Los espacios en blanco serían también una aproximación silenciosa al ritmo total. De este modo, el poeta retoma de la música los procedimientos rítmicos por medio de los cuales el arte de los sonidos estructura el tiempo. Mallarmé sitúa la rítmica musical en el espacio como un intento más de «vencer al azar». El poema contiene una poesía musical escrita para ser leída. De la misma manera que los músicos son capaces de descifrar los signos de la partitura, el poeta y las personas que lean ese texto pueden disfrutar de un concierto solitario de absoluta musicalidad.

Basándose en los recursos wagnerianos, vanguardistas en la época, Mallarmé libera a la melodía poética y la lleva al silencio sembrándola de espacios en blanco que él califica de «pruebas nupciales de la Idea». Podemos indicar igualmente que a pesar de querer recuperar de la música de Wagner lo que esta le ha arrebatado a la literatura, Mallarmé no difiere mucho en su proceder de la técnica del compositor alemán quien con su melodía infinita hace que se tambaleen los principios del sistema tonal. Mallarmé transgrede igualmente las leyes de la sintaxis tradicional con el fin de alcanzar el «absoluto». No obstante, ese procedimiento llevado al extremo da como resultado una caída en la nada, es decir, en la página en blanco que tanto obsesionó al poeta. Mallarmé es ante todo un escritor y como tal reflexiona sobre la música. No es insensible al arte wagneriano, pero le intriga más su valor estético que el lenguaje innovador que le caracteriza. Ciertamente, este poeta de los silencios detestaba las trompetas wagnerianas y reivindica la preciosa cualidad del silencio. Si Wagner es capaz de atraer a las multitudes porque la música del «drama» cumple perfectamente con su misión de «lavado dominical de la banalidad», el poeta ha de ir más lejos, sin renunciar al legado artístico y poético que intenta perfeccionar. De este modo, la lengua del otro, en este caso la música, ritma y armoniza la lectura silenciosa de la nueva poesía.

Es probable que Mallarmé hubiera compartido sin reservas las declaraciones de Wagner en las que el compositor aludía a la grandeza de los poetas. Sin embargo, es igualmente plausible que le hubiera replicado que solo la poesía es capaz de alcanzar un grado de musicalidad absoluta. Sea como fuere, ese diálogo imaginario entre ambos artistas habría sin duda contribuido a enriquecer la reflexión entre las formas de expresión artística que cada uno de ellos representaba. Prueba de ello es la siguiente cita de Wagner sobre el valor del silencio:

> En verdad, la grandeza de un poeta se mide por sus silencios con el fin de hacernos comprender, incluso callando, lo inexpresable: el músico es, entonces, quien traduce lo no dicho por medio de una resonancia luminosa, y la forma infalible de este sonoro silencio es la melodía infinita (Wagner, en Lecler, 2000: 57).

De esta afirmación se puede deducir que su concepto de la estética no estaba tan alejado del de Mallarmé, ya que ambos experimentaron lenguajes nuevos que ponían en duda las jerarquías tonales y sintácticas.

En resumidas cuentas, Mallarmé reivindica una música silenciosa que emana de la deconstrucción del orden sintáctico y formal. Wagner es un modelo que hay que seguir porque rompe con la tradición teatral al tiempo que su melodía infinita elimina la jerarquía tonal. Mallarmé admira el proceder por medio del cual el músico libera a la melodía, sin embargo, no se siente atraído por la proliferación sonora de las trompetas wagnerianas. Como nos muestra en su poema-partitura «Un coup de dés jamais n'abolira le hasard», Mallarmé encuentra la verdadera música en una nueva y vanguardista forma poética cuyo corazón late con la armonía del silencio, o sea, con la armonía de los espacios en blanco, verdadera y suprema forma de lo que para él representa el «ideal» artístico y poético.

V. Marcel Proust y la música

La relación de Proust con la música

Marcel Proust (1871-1922), uno de los nombres más destacados de la literatura francesa y universal, siempre sintió una gran pasión por la música. Aunque no tocaba ningún instrumento, había aprendido, por tradición familiar, a leer partituras y a hacer comentarios técnicos de las mismas. También era asiduo de la Ópera de París, sobre todo si no se representaba una obra italiana. En otras ocasiones acudía a los salones o a los grandes hoteles, como el Ritz, donde se daban veladas musicales. Cuando su precaria salud no le permitía asistir a los conciertos, usaba el *théâtrophone,* un abono musical en boga a finales del siglo XIX y principios del XX que permitía escuchar música a través de la línea telefónica. En algunas ocasiones también disfrutaba de la música en su propia residencia, situada en el Boulevard Hausmann. Proust invitó, por lo menos una vez, al Cuarteto Poulet para que le ofreciera un concierto privado en ese apartamento. Como escribe en una carta de mediados de abril de 1916 dirigida al violista Raymond Pétain:

> Cuando lo escuché tocar a usted, hacía algunos días que los señores Poulet, Ruyssen, Gentil y Massis habían venido a interpretar, para mí exclusivamente, el *Cuarteto n.º 13* de Beethoven y el *Cuarteto* de Franck. Cuento con pedirles que vengan una de estas noches, tan pronto como me sienta menos fatigado, a volver a tocar para mí el *Cuarteto* de Franck, así como el *Cuarteto* de Fauré (Proust, 2022: 342).

Pasaron varios años para que ese concierto añorado tuviera lugar. En 1920, después de que Proust se mudara a la que sería su última casa parisina, un piso en la calle Hamelin, el Cuarteto Poulet interpretó de nuevo privadamente para el escritor el *Cuarteto* de Franck que tanto le apasionaba. En sus memorias, Céleste Albaret, secretaria de Proust, afirma que escuchar la obra del músico belga era un deseo que Proust «alimentaba desde hacía tiempo y estaba ligado a la vez a una obra musical que había oído y que le había impresionado mucho» (Albaret, 2013: 373).

El compositor Reynaldo Hahn tuvo una notable influencia en la formación musical de Proust. Ambos se conocieron en 1894 en el salón musical de Madeleine Lemaire, hija del poeta José María de Heredia. A ese salón acudían compositores como Saint-Saëns, Fauré o Massenet. Entre Proust y Hahn siempre existió una gran complicidad y amistad, la correspondencia entre ambos es muy extensa y certifica esa complicidad y su excelente relación. En el plano musical sus gustos diferían, lo cual contribuyó a que sus debates sobre ese tema cobraran más intensidad. Proust se sentía fascinado por el movimiento simbolista y por la figura de Richard Wagner. La música del compositor germano le atraía porque indaga en los misterios y lo inefable. Aunque Hahn también admiraba a Wagner, sobre todo sus obras más racionales, otorgaba preferencia a la música francesa decimonónica. Como discípulo de Massenet, su interés se centraba, en gran medida, en el género de melodía francesa, es decir, en una forma músico-literaria donde la poesía y la música dialogan. Proust resume perfectamente sus diferencias con Hahn en una carta dirigida a Suzette Lemaire escrita a mediados de noviembre de 1894:

> Disimulo tanto menos mi wagnerismo con Reynaldo cuanto que lo comparto. El punto en el que estamos en desacuerdo es que yo creo que la esencia de la música es despertar ese fondo misterioso [...] de nuestra alma, que comienza allí donde lo acabado y todas las artes que tienen por objeto lo acabado se detienen, allí donde también se detiene la ciencia; ese fondo misterioso que, por lo mismo, pueda denominarse religioso [...]. Reynaldo, por el contrario, al considerar que la música se encuentra en una perpetua dependencia de la palabra, la concibe como el modo de expresión de sentimientos particulares, que precisa matices como la conversación (Proust, 2022: 327).

A pesar de sus divergencias, los debates entre ellos fueron muy fructíferos. Con posterioridad, Proust evolucionó hacia una concepción cada vez más intelectual de la música, pero siempre consideró que el arte de Hahn era ideal para expresar el dolor, la ternura y la paz que transmite la naturaleza. Para Proust las obras de Hahn contienen una música auténtica, humana, y son de una belleza absoluta (Duteurtre, 2012: 64).

En uno de sus textos tempranos, «Elogio de la mala música» (1893) incluido en *Los placeres y los días*, ya se puede apreciar, a pesar de la carga irónica del texto, el poder emocional que Proust concede a la música, incluso a aquella que le parece de una calidad dudosa. En ese escrito señala, con un loable deseo de buscar la verdad, que se puede odiar esa clase de música, pero no menospreciarla, porque se toca y se canta con más pasión «que la buena»:

> Detestad la mala música, no la despreciéis. Se toca y se canta mucho más, mucho más apasionadamente que la buena, mucho más que la buena se ha llenado poco a poco del ensueño y de las lágrimas de los hombres. Séaos por eso venerable. Su lugar nulo en la historia del Arte es inmenso en la historia sentimental de las sociedades (Proust, 2018: 166).

Esas melodías, que según el criterio de los artistas tienen muy poco valor, pertenecerían al universo sentimental de una gran multitud de jóvenes soñadores y enamorados. De esta forma, los malos músicos se convierten en invisibles mensajeros del amor y la música, incluso el cuaderno más tocado de mediocres romanzas posee una fuerza de comunicación embriagadora que libera el espíritu de la razón abstracta. Proust considera que esa música:

> debe emocionarnos como un cementerio o como un pueblo. Qué importa que las caras no tengan estilo, que las tumbas desaparezcan bajo las inscripciones y los ornamentos de mal gusto. De ese

> polvo puede elevarse, ante una imaginación lo bastante afín y respetuosa para acallar un momento sus desdenes estéticos, la bandada de almas llevando en el pico el sueño todavía verde que les hacía presentir el otro mundo y gozar y llorar en éste (Proust, 2018: 167).

En este texto temprano, Proust poetiza a Chopin, Gluck, Schumann y Mozart. También se refiere a la melomanía de los conocidos personajes creados por Flaubert: Bouvard y Pécuchet. En un pastiche que opone los gustos estéticos de esos dos personajes, Proust imagina cómo hablan y discrepan acerca de las obras de Chausson, Massenet, Saint-Saëns, Satie o Hahn. En lo único que se ponen de acuerdo es en conceder un lugar de honor a la célebre compositora Cécile Chaminade: «el mismo Bouvard a pesar de las discrepancias de su estética, pues todo francés es caballeresco y cede el paso a las mujeres, daba galantemente a esta el primer puesto entre los compositores del día» (Proust, 2018: 90). Richard Wagner es también motivo de controversia. Pécuchet, defensor de la tradición francesa, sostiene que la música gala es muy superior a la de otros países vecinos. La música francesa es clara y huye de las excentricidades inglesas o de las brumas germánicas. A ese respecto, considera que *La valquiria* wagneriana será siempre «el suplicio más infernal y cacofónico además del más humillante para nuestro orgullo nacional» (Proust, 2018: 91).

Marcel Proust no será precisamente un seguidor del Pécuchet que manifiesta su aversión hacia Wagner. A las puertas del cambio de siglo, el novelista se suma a la lista de admiradores franceses que alaban la música del compositor germano. Desde muy joven se sintió fascinado por su imaginación, por su lenguaje simbólico y por las verdades morales de sus óperas. Wagner llegará a tener una gran importancia tanto en la estructura como en el sentir de su magna obra literaria. Pierre Boulez destaca la extraordinaria influencia que Wagner ejerció en la escritura de Proust y observa grandes similitudes entre la frase proustiana y la melodía infinita del compositor alemán. En ese sentido, la extremada sinuosidad de la frase proustiana se torna ambigua cuando hay una multiplicación de incisos. Boulez cree que eso podría deberse a la influencia de Wagner que se situaría, gracias a una cierta transcripción, en un dispositivo similar al del texto musical (Boulez, 2012: 17). Igualmente, considera que Proust es el gran inventor de la «gran forma novelesca», en la cual la reflexión y el relato evolucionan de forma paralela hasta que las paralelas convergen. Cuando se adentra en la obra de Proust, Boulez piensa en Richard Wagner y en Alban Bergen porque su música conllcva importantes fenómenos de la memoria que consisten en «una vasta trayectoria que se apoya en puntos de encuentro que orientan la memoria por medio de particularidades exclusivas [...] a través de las cuales la memoria trabaja, absorbe las señales pasadas y se prepara para absorber las señales futuras» (Boulez, 2012: 18).

A finales del siglo XIX y en la primera década del XX, cuarenta años después del fracaso de *Tannhaüser* en 1861, Richard Wagner vuelve a estar de moda en París. La representación en 1893 de *La valquiria* fue unos de los mayores acontecimientos musicales parisinos en esos años finales del siglo. Proust tuvo ocasión de ver la puesta en escena de esa ópera. El joven Proust se adentra en el universo wagneriano e interioriza la obra del maestro de Bayreuth. Ese hecho marcará toda su producción literaria (Auclair, 2020: 60). En esos momentos el antiwagnerismo sigue vivo en Francia, debido, en particular, a los escritos de

Nietzsche que tachan la música del compositor alemán de decadente. Recordemos que el filósofo emplea términos muy duros para referirse al compositor que tanto le fascinara en el pasado. Según Nietzsche, Wagner es un artista de la decadencia, alguien capaz de acabar con nuestra salud; porque Wagner, escribe el filósofo, no es un ser humano, sino una enfermedad: «vuelve enfermo todo lo que toca [...] ha hecho enfermar a la música» (Nietzsche, 2002: 30). No obstante, Proust, como hicieran Baudelaire y Mallarmé, se suma a los defensores del músico alemán. Ya en pleno siglo XX, *Tristán e Isolda* y *Parsifal* serán las óperas que Proust tendrá en mente cuando escriba *À la recherche du temps perdu.* Su armonía con el espíritu wagneriano será total. Jean-Jacques Nattiez apunta que ambos se sienten insatisfechos de los resultados provisionales que alcanzan en sus creaciones y anhelan englobar las obras acabadas en un conjunto más amplio. Los dos artistas comparten un soplo creador de larga duración que tiene como resultado enormes proliferaciones que surgen de núcleos generadores estrechos. Se trata de una búsqueda desenfrenada por alcanzar la totalidad. Esa búsqueda aparece como

> un enorme esfuerzo para arrebatar las contingencias del trabajo creador al tiempo y para ofrecer a la contemplación estética un resultado final perfecto y unificado del que, en principio, tendría que haber desaparecido todo rastro de su elaboración (Nattiez, 2012: 140).

Sin embargo, Proust evoluciona en sus gustos musicales, lo cual quedará claramente reflejado en la parte final de su obra literaria. Sin romper totalmente con el wagnerismo, la influencia de Debussy adquirirá cierta relevancia en sus concepciones estéticas. Esto ocurrirá especialmente a partir de 1911 cuando descubra *Pelléas et Mélisande,* la ópera del compositor francés que Proust no se cansará de escuchar a través del *théâtrophone.* Pero la evolución de los gustos musicales de Proust irá aún más lejos. Podríamos decir que también llegará a despojarse de la influencia debussysta para proponer finalmente en su obra literaria una estética musical diferente, tanto desde el punto de vista rítmico como de la complejidad temática. Como veremos a continuación, esta nueva estética culminará con el *Septeto* de Vinteuil imaginado por Proust en *À la recherche du temps perdu,* más concretamente en la novela *La prisonnière.*

Dimensión de la estética musical en *À la recherche du temps perdu*

¿Cómo se plasma la evolución musical de Proust en su creación literaria? A lo largo de las páginas de la inmensa obra proustiana *À la recherche du temps perdu,* constituida por siete libros, la música aparece de manera esporádica, pero su importancia en la estética proustiana es muy relevante. Proust define la música como un arte infinito que posee la facultad de despertar en nosotros, a diferencia de otras artes que tienen por objeto lo finito (pintura, escultura, etc.), el fondo misterioso de nuestra alma. Al igual que Mallarmé, Proust estima que el lenguaje musical está revestido de un carácter sagrado muy difícil de expresar por medio de la literatura. No obstante, a pesar de esa dificultad, la función de la música y la experiencia intuitiva, emocional y racional que su audición conlleva resulta esencial en la obra literaria del novelista. La música en la ficción proustiana gira al principio en torno a la famosa «pequeña frase» musical de la *Sonata para violín y piano* del compositor ficcional Vinteuil. En *La prisonnière,* quinta novela de *À la recherche du temps perdu,* ese mismo compositor imaginado por Proust concibe un *Septeto* musical. Como he señalado anteriormente, este *Septeto* cobrará gran importancia en la concepción estética final propuesta por el novelista. La «pequeña frase» musical, es una suerte de acto semiótico que pondría en tensión las dos formas artísticas: la música y la literatura. Arthur Morisseau sostiene que, como si se tratara de una partitura que los músicos pueden identificar sin la ayuda de una interpretación precisa, las palabras que designan la frase musical proustiana deberían «evocar en el lector-melómano la obra musical a la que se refieren, ya sea en parte o en su totalidad» (Morisseau, 2020: 241). La «pequeña frase» musical podría ser el equivalente literario de los *leitmotiv* wagnerianos. Esos actos semióticos muestran que el pensamiento proustiano sobre la música es complejo. Si nos atenemos a la estructura de la obra literaria *À la recherche du temps perdu* podremos observar, como hace Boulez, que Proust crea redes y múltiples bifurcaciones, pero no procede de manera lineal, sino «en diagonal». De esta forma, la lógica de los acontecimientos es compleja e imprevista. Boulez considera que las múltiples redes tejidas por el novelista, así como su flexibilidad y multiplicidad de las posibles conexiones, hacen que la obra de Proust sea de una gran modernidad (Boulez, 2012: 19). A nuestro entender, esa modernidad de la concepción proustiana de la música se mueve entre una estética wagneriana, idealista y postromántica y una evolución hacia el vanguardismo que en la segunda década del XX pasa en particular por Debussy.

La aparición de la pequeña frase musical tiene lugar por primera vez en *Un amour de Swann,* el tercer libro de la primera parte de *À la recherche du temps perdu.* Swann es un amante del arte, en particular de la música. Previamente, en una velada musical, había escuchado una obra para violín y piano que había llamado su atención. En primera instancia, solo disfruta de la calidad material de los sonidos instrumentales. Aunque eso ya le causa un gran placer, de manera repentina descubre algo más, una impresión puramente musical muy poderosa pero confusa, una impresión inesperada, original y única: «una impresión de ese tipo, durante un instante, es, por decirlo así, *sine materia*», afirma Swann (Proust, 1999: 173). Aunque no se haya podido probar que Proust leyera a Schopenhauer, es cierto que la forma en que Swann percibe la música parece coincidir con la filosofía musical desarrollada por el pensador alemán. Para Schopenhauer la música no es únicamente una expresión sonora del mundo:

> la música no es, en modo alguno, la copia de las Ideas como en las otras artes, sino *de la voluntad misma,* cuya objetividad está constituida por las Ideas; por esto mismo, el efecto de la música es mucho más poderoso y penetrante que el de las otras artes, pues éstas sólo nos reproducen sombras, mientras que ella esencias (Schopenhauer, 2016: 37).

Esas notas tan especiales de la «pequeña frase» le abren a Swann más ampliamente el alma y le sugieren voluptuosidades especiales que nunca había imaginado antes de oírla. A partir de ese momento Swann siente que no puede prescindir de esa «pequeña frase» musical, aunque no sabe si volverá a escucharla ya que desconoce la obra a la que pertenece. Su experiencia es totalmente emocional, intuitiva y el placer que le causa esa música es intraducible. Al no conocer la técnica musical tiene una experiencia estética absoluta. Swann escucha la «pequeña frase» con una impresión confusa, «una de esas impresiones que tal vez son, sin embargo, las únicas puramente musicales, inextensas, enteramente originales, irreductibles a cualquier otro orden de impresiones» (Proust, 1999: 173). No obstante, Proust sugiere que esa felicidad estética que nos ofrece el arte musical no deja de ser pasajera porque inmediatamente la memoria hace su aparición suministrando una transcripción que la desvirtúa. Eso mismo le ocurre a Swann cuando imagina la extensión de la frase, su grafía o su valor expresivo: «delante de sí tenía esa cosa que ya no es música pura, que es dibujo, arquitectura, pensamiento, y que permite recordar a la música» (Proust, 1999: 173). La memoria le conduce a una lectura arquitectónica de la música que le impide disfrutar de la esencia de ese arte. En definitiva, Proust viene a decirnos que desde el momento en que queremos traducir la sensación musical pura a otro lenguaje, ya sea a través del pensamiento o de la memoria, se pierde el carácter inefable de ese arte excepcional.

Un año más tarde, en una velada ofrecida en casa de Madame Verdurin, Swann escucha de nuevo la «pequeña frase», esta vez en una versión pianística del joven intérprete Dechambre. Swann la reconoce en su prolongación y capacidad para crear un telón sonoro que oculta su misterio. La frase le vuelve a cautivar, de tal modo que, a la manera de Baudelaire, le genera un placer especial ya que los sonidos y los aromas se mezclan. Con el fin de expresar lo que Swann siente, Proust recurre a la sinestesia, a la alternancia de sensaciones que, como los *leitmotiv* wagnerianos, configuran la totalidad de la obra de arte. Cuando Swann pregunta qué obra están escuchando, le dicen que se trata de la *Sonata para piano y violín* de Vinteuil. De esta manera, su gozo se acrecienta, porque una vez que tiene identificada la obra sabe que podrá tenerla en casa, que la escuchará tantas veces como lo desee y que podrá «intentar aprender su lenguaje y su secreto» (Proust, 1999: 175). Esa pequeña frase musical de la sonata se convertirá en el himno del amor entre Swann y Odette de Crécy. El motivo que tanto le fascina se concretiza en una sucesión de notas iguales, unos trémolos del violín que ocupan el primer plano de la sonoridad y que ceden el paso a la frase musical que se aleja de la materialidad sonora. Para Swann, esa frase parece provenir de otro mundo. Mas si la frase es símbolo de su amor, de su unión, también es la causa de su desasosiego, porque una vez que la ha hecho suya piensa en la posibilidad de que pueda tener «un significado, una belleza intrínseca y fija, ajena a ellos» (Proust, 1999: 181). Como escribe Luc Fraisse, en *Un amour de Swann* encontramos de nuevo la influencia de Schopenhauer porque existe una combinación de la metafísica del amor y la metafísica de la música. Esas dos vertientes le permitirían a Proust jugar con «la relación del sujeto consigo mismo, con su inconsciente, con su capacidad de representación, sobre la revuelta de la superación del yo por el yo y sobre la aceptación de esa superación» (Fraisse, 2012: 104). La frase libera a Swann de los problemas cotidianos, de las inquietudes materiales, de las dudas sobre los afectos de Odette. En su esencia misteriosa, la frase le crea una enorme adicción. Cuando la frase se materializa en el sonido, su respiración se acelera como si estuviera tomando un anestésico que la ampliara. Ese placer se convierte en una necesidad adictiva, se trata de una sensación placentera que se asemeja a la que producen los perfumes. Por esa vía, Swann entra en contacto con «un mundo para el cual no estamos hechos, un mundo que nos parece no tener forma porque nuestros ojos no lo perciben, sin significado porque escapa a nuestra inteligencia, un mundo al que accedemos solo por un solo sentido» (Proust, 1999: 195).

Con posterioridad, en un concierto que tiene lugar en la casa de Madame de Saint-Euverte, Swann vuelve a escuchar la *Sonata* de Vinteuil. La «pequeña frase» le devuelve el tiempo de la felicidad con Odette de Crécy, con la que había roto. Swann se da cuenta de cómo los recuerdos invisibles de su amor, que han permanecido ocultos en las profundidades de su ser, emergen, se despiertan y en su infortunio presente cantan incesantemente «los estribillos olvidados de la felicidad» (Proust, 1999: 277). La «pequeña frase» le permite recuperar el tiempo, esas pocas notas sustituyen a la memoria voluntaria que no es capaz de despertar en él esos recuerdos. Pero esa felicidad salvadora traspasa los límites del recuerdo y del amor porque de nuevo se adentra en el carácter metafísico de la música. Como si Swann pensara en Schopenhauer, esa frase musical transciende las ideas, es independiente del mundo fenoménico. Swann cree en la existencia verdadera de esa frase, está convencido de que pertenece al mundo de esas criaturas sobrenaturales que nunca hemos visto pero «que reconocemos embargados cuando algún explorador de lo invisible consigue captar alguna de ellas y traerlas del mundo divino al que tiene acceso» (Proust, 1999: 281). El compositor Vinteuil sería ese explorador. Por medio de los instrumentos musicales nos desvela la excepcionalidad de la música. De esta forma, Proust introduce en su obra el papel que juega el artista como mediador, como traductor de esa otra realidad. Como relata Swann,

Vinteuil logra hacer visible la esencia de la música: «siguiendo y respetando su dibujo con una mano tan tierna, prudente, delicada y segura, el sonido se alteraba continuamente, difuminándose para indicar una sombra, revivificándose cuando tenía que seguir la pista de un contorno más atrevido» (Proust, 1999: 281).

Además de en *Un amour de Swann*, la *Sonata* de Vinteuil permite abrir nuevos horizontes de reflexión sobre la música en otras novelas de la *À la recherche du temps perdu.* Esto ocurre en la primera parte de *À l'ombre des jeunes filles en fleurs,* donde la música continúa siendo el arte del tiempo. En este caso Proust no se detiene solo en los efectos que pueda tener una frase musical concreta en el oyente, sino que introduce una reflexión sobre la estética global de la obra musical, en particular sobre las bellezas secretas de la totalidad de la *Sonata* de Vinteuil. En este caso es el héroe enamorado de Gilberte quien transmite sus impresiones cuando escucha por primera vez esa composición interpretada por Odette, ahora Madame Swann. Para él, ya no es suficiente captar una «pequeña frase» de la *Sonata* que desencadene la memoria en un marco espacial. Considera que esas frases son fugitivas y además crean una multiplicidad de sensaciones que la memoria es incapaz de almacenar. De esta forma, el héroe propone una escucha repetitiva de toda la obra, solo así podrá identificar las impresiones musicales concretas que de otra forma se difuminarían. En consecuencia, Proust aporta un elemento nuevo en la descripción de la audición de una obra musical. Lo que ahora propone es que hay que descubrir la *Sonata* paso a paso, partiendo de los pasajes más accesibles, de las partes menos valiosas, hasta llegar a aquellas que son más originales y profundas, las que pueden engendrar efectos únicos e individuales. A diferencia de Swann y Odette, el narrador no valora una frase en particular de la composición. Es más, a pesar de que la pianista incide en la conocida «pequeña frase», esta se difumina cuando el héroe escucha la sonata completa. Así, el héroe declara: «donde Swann y su mujer distinguían una frase, esta estaba tan lejos de mi clara percepción como un nombre del que queremos acordarnos y en lugar del cual solo encontramos el vacío» (Proust, 1999: 422). En realidad, cuando Proust se refiere a la primera audición, lo que está poniendo en duda es la memoria. No se trata de un problema de comprensión, sino del funcionamiento de la memoria. La escucha engendra múltiples impresiones y recuerdos que la memoria no es capaz de ofrecernos inmediatamente. Según Proust, el recuerdo «se forma paulatinamente en la memoria con respecto a las obras que escuchamos dos o tres veces» (Proust, 1999: 422). En su reflexión sobre la audición, comunica a los lectores por medio de su héroe que el oyente no puede abarcar la obra musical de una sola vez, la música es un arte temporal y por consiguiente la sonata requiere una sucesión de escuchas con el fin de que afloren sus bellezas ocultas. Si para Swann la comprensión de la sonata se limitaba a una «pequeña frase», ahora el héroe comprende la importancia de las sucesivas percepciones musicales en el tiempo que le posibilitan comprender la complejidad de la obra musical. Ahora bien, esa complejidad es una obra abierta que genera a su vez nuevos e inagotables significados y bellezas. Por ello, el héroe siente una cierta frustración cuando se da cuenta de que nunca llegará a poseer en su totalidad la belleza absoluta de la sonata:

> De ahí la melancolía que conlleva el conocimiento de tales obras, como todo lo que se realiza en el tiempo. Cuando descubrí lo que

> estaba más oculto en la *Sonata* de Vinteuil, ya llevado por la costumbre fuera del alcance de mi sensibilidad, lo que había señalado, preferido al principio, empezaba a escaparme, a huir de mí. Porque habiendo podido amar solo en tiempos sucesivos todo lo que me aportó esta *Sonata,* nunca la poseí del todo: se parecía a la vida (Proust, 1999: 423).

Mucho se ha especulado sobre los modelos musicales en los que Proust se basó para imaginar la *Sonata* de Vinteuil. El mismo escritor zanjó la cuestión el 20 de abril de 1918 en la dedicatoria a Jacques de Lacretelle de un ejemplar de *Du côté de chez Swann.* Proust escribe que con respecto a la *Sonata* sus recuerdos son precisos. Así, la «pequeña frase», que califica de encantadora, pero finalmente mediocre, estaría inspirada en una *Sonata para piano y violín* de Saint-Saëns, músico que no le gusta. También dice que podría haber pensado en el *Encantamiento del Viernes Santo,* o en la *Sonata* de Franck, sobre todo interpretada por Enesco. Igualmente se refiere a los trémolos que envuelven la «pequeña frase» en casa de los Verdurin. Proust declara que le fueron sugeridos por un preludio de *Lohengrin* y que la frase misma de ese pasaje de la novela está inspirada en alguna obra de Schubert (Béhar, 2006: 198-199).

La función de la *Sonata* de Vinteuil en las primeras obras de *À la recherche du temps perdu* está influenciada por las teorías idealistas provenientes de Wagner y de Schopenhauer. Las novelas que cierran el ciclo muestran que, si bien Proust sigue siendo fiel a las ideas sobre la música heredadas del siglo XIX, las vanguardias de principios del XX también dejan su impronta en su universo literario. Como ya se he señalado, en 1911, Proust descubre el drama musical *Pelléas et Mélisande* de Debussy.

La música instrumental de esa ópera le fascina y le obsesiona. En una carta dirigida a Reynaldo Hahn, fechada el 4 de marzo de 1911, Proust manifiesta que no cesa de escuchar la obra a través del *théâtrophone*. Lo que más valora de esa composición son, sobre todo, las partes puramente instrumentales (Kolb, 1983: 256). En realidad, esa afirmación constata que Proust admira el impresionismo musical vanguardista de Debussy, pero sin renegar de Wagner, dado que el compositor francés, aun prescindiendo de los *leitmotiv*, mantiene en *Pelléas et Mélisande* ciertas atmósferas wagnerianas, pensemos, por ejemplo, en *Parsifal*. Sylvie Douche considera que Proust siempre fue wagneriano, no obstante, Debussy representa para él «la reconciliación del pasado y del presente y la vanguardia artística a la que aspira» (Douche, 2020: 216). La impronta de Debussy podemos encontrarla cuando la música de Vinteuil reaparece en *La prisonnière*, la quinta novela de *À la recherche du temps perdu*. Ya no se trata de su *Sonata para violín y piano*, sino de un *Septeto* que revela al «narrador», en un ejercicio de la memoria involuntaria típicamente proustiano, lo conocido en lo desconocido. El narrador escucha esa nueva música del compositor ya fallecido Vinteuil, una música que le transporta a otro universo, a un mundo ciertamente debussysta de «coloraciones desconocidas, inestimables, de un universo insospechado, fragmentado por las lagunas que dejan entre sí las audiciones de su obra» (Proust, 1999: 1795). El narrador compara la *Sonata* de Vinteuil con el *Septeto*. El resultado de su estudio es tajante en cuanto a las diferencias entre ambas composiciones: la *Sonata* es ligera, es campestre, incluso cándida, mientras que la modernidad del *Septeto* se asemeja a las superficies planas del mar en medio de una tormenta. Esta alusión al mar recuerda sin duda la composición *La mer* de Debussy, donde el compositor muestra una riqueza armónica incomparable, un ritmo original y, sobre todo, una multiplicidad de figuras sonoras que enriquecen constantemente el color orquestal. Pero si bien es cierto que con el *Septeto* de Vinteuil Marcel Proust abre nuevos horizontes que ya no son puramente románticos o wagnerianos, también es verdad que en cierta medida supera igualmente la estética meramente debussysta experimentando con ritmos y nuevas sonoridades. Por esa razón, podemos ir más lejos y pensar que Proust es, en cierta forma, también mallarmeano, es decir, profundamente vanguardista, dado que el universo del cual proviene esta obra nueva es desconocido, un universo marcado por el silencio y la noche donde lo descriptivo no ocupa un lugar preponderante. Recordemos que para Mallarmé es en el silencio donde se encuentra la música más profunda. El narrador descubre la nueva música con fascinación y se da cuenta de que estéticamente el *Septeto* posee una coherencia interna que no encontraba en la *Sonata,* ya que su estructura la forman elementos diferentes que se exponen sucesivamente para combinarse al final. De esta forma, para el narrador la *Sonata* y las otras obras de Vinteuil no serían, de acuerdo con lo que esta nueva música le revela, «más que tímidos ensayos, deliciosos pero muy endebles, si se comparan con esta obra maestra triunfal y completa» (Proust, 1999: 1792).

Ciertamente, a lo largo de *À la recherche du temps perdu* hay una constante y progresiva exploración sobre lo que sería la obra de arte perfecta. La música desempeña un papel importante en ese cometido. El *Septeto* que culmina la reflexión y la búsqueda proustianas sobre la transcendencia de la música es una obra paradigmática y compleja. Por tal razón, el narrador no llega a comprenderla cuando la escucha por primera vez. Se trata de un enigma que le impele a buscar explicaciones un tanto ilusorias que, una vez superadas, le permiten finalmente penetrar en la esencia de esa composición. Esta obra musical ficcional, además de imitar las innumerables preparaciones, reminiscencias y conexiones que deben caracterizar, según Proust, la obra novelesca, es pura música, posee un lenguaje particular que se inserta en el discurso literario. Porque, en definitiva, cuando Proust piensa la música lo que se pregunta es si el lenguaje no descriptivo y transcendente del *Septeto* puede servir de modelo a una nueva forma de creación literaria. Una hipotética respuesta afirmativa no sería descartable, dado que en el fondo del pensamiento del novelista siempre subyace la cuestión del alcance del significado del lenguaje musical. Como el propio Proust escribe: «Me preguntaba si la música no era el único ejemplo de lo que podría haber sido —si no hubiera habido la invención del lenguaje, la formación de las palabras, el análisis de las ideas— la comunicación de las almas» (Proust, 1999: 1797).

A MODO DE CODA

Entrar en el terreno del encuentro de la literatura con la música es una experiencia fascinante y, a la vez, compleja. En la relación de ambos medios de expresión artística se dan multitud de vínculos que, en sí mismos, pueden ser susceptibles de infinidad de variantes. En su ensayo *Music and Literature, A Comparison of the Arts,* texto pionero en los estudios comparatistas, C. S. Brown desarrolla la idea de que entre la música y la literatura existe una seducción por la cual cada una de ellas rechaza la antinomia originaria y parece haberse dado a sí misma el punto de partida de la otra. Desde la perspectiva de la recepción de la música en el pensamiento y la literatura, he centrado este libro en la época que transcurre desde principios del siglo XVIII hasta los inicios del siglo XX. Este apasionante recorrido por un periodo marcado por la modernidad me ha permitido constatar hasta qué punto ambas formas de expresión se atraen y, en cierta medida, se ayudan en su deseo de perfección estética.

Nuestro recorrido ha comenzado con los filósofos y escritores de la Ilustración que otorgaron una especial atención al estudio de la música en su relación con la palabra. Ha seguido con la presencia de la música en la literatura romántica que hereda la nueva concepción de la música como expresión y desarrollo de las emociones subjetivas y recoge la influencia de otros movimientos románticos previos, particularmente del alemán. En este sentido, Madame de Staël emerge como una brillante teórica que establece un puente de comunicación entre las culturas francesa y germánica. Por su parte, Balzac, en quien la huella de Hoffmann es manifiesta, aparece como un creador del periodo romántico que desarrolló una profunda reflexión sobre la filosofía de la música.

También he creído relevante destacar la fascinación que Richard Wagner ejerció en los poetas simbolistas franceses. Sin embargo, la concepción wagneriana de la música como una revelación del origen y de la unidad de las artes relegaba, en cierta forma, a la literatura a un segundo plano, dado que, según Wagner, la diversidad de lenguas supone un obstáculo para la universalidad de las creaciones literarias. El lenguaje está sujeto a convenciones cuyas leyes ya no son inteligibles para el sentimiento natural. La música, en cambio, es inteligible para todos los seres humanos y ofrece una representación total de la intuición del artista en su forma más sublime. Ante esta postura de Wagner sobre la superioridad de la música, los poetas se plantearon las consecuencias que esa idea podía tener para la poesía.

Resulta esencial medir el alcance del giro musical wagneriano y ver de qué manera anuncia la crisis de la literatura, ya que plantea interrogantes básicos de la modernidad y llama a una rebelión de la música contra la literatura. Por esta razón, he creído conveniente referirme al supuesto wagnerismo de dos grandes pilares de la poesía francesa de la segunda mitad del siglo XIX: Baudelaire y Mallarmé. Los dos se sienten fascinados por las ideas wagnerianas sobre lo sublime y lo inefable y sobre la totalidad de la obra de arte. No obstante, aun venerando a Wagner, terminan por defender a ultranza la creación poética. Es más, Mallarmé hará gala de una verdadera rivalidad con respecto a la estridente música wagneriana. Como observara Paul Valéry, Mallarmé es uno de esos poetas que piensan que la poesía ha de arrebatar a la música lo que le pertenece.

Asimismo, la música de Wagner deja una huella importante en el universo de Marcel Proust. No hay duda de que este novelista es ante todo wagneriano. Sin embargo, releyendo las páginas más relevantes sobre la música en *À la recherche du temps perdu* he comprobado, y así he querido reflejarlo, que su pensamiento musical evoluciona, abriéndose a las nuevas corrientes músico-literarias que surgieron en la Francia de la segunda década del siglo XX. Proust admiraba en el compositor Saint-Saëns su capacidad de transformar todo arcaísmo en algo moderno sin que la estructura secular sufriera al ser envuelta en el manto de la modernidad. Espero haber demostrado convincentemente que, en su concepción sobre la relación de la música con la literatura, este novelista logra un equilibrio en el que, si bien el idealismo wagneriano constituye un modelo para la literatura, el progreso de esta también depende de las vanguardias musicales francesas que conoció, en particular la obra de Debussy, y en la noción del tiempo que estas contemplan.

Este libro que he escrito desde mi doble formación musical y literaria me ha parecido necesario como contribución a un ámbito de estudios poco común: la literatura comparada que examina la recepción de la música en la literatura. Ambas artes contribuyen a que nuestro imaginario se abra a nuevas dimensiones. Cuando música y literatura unen sus lazos se abren horizontes de belleza que, sin duda, enriquecen nuestras vidas.

Bibliografía

Albaret, Céleste (2013), *Monsieur Proust,* Madrid, Capitán Swing.

Auclair, Mathias (2020), «La Walkyrie de 1893 à l'Opéra de Paris», en Cécile Leblanc, Françoise Leriche, Nathalie Mauriac Dyer (dir.), *Musiques de Proust,* París, Hermann, pp. 51-60.

Auerbach, Erich (1968), *Mimésis,* París, Gallimard.

Austin, John Langshaw (1951), «Le principal pilier: Mallarmé, Victor Hugo et Richard Wagner», *Revue d'Histoire Littéraire de la France,* avril-juin, París, pp. 154-180.

Balzac, Honoré de (1966), «César Birotteau», en *La comédie humaine-l'intégrale, volume 4,* París, Seuil.

— (1979), *Œuvres complètes X,* París, Gallimard, La Pléiade.

Bardez, Jean-Michel (1980), *Les écrivains et la musique au XVIIIème siècle. La gamme d'amour de Jean-Jacques Rousseau,* París, Slatkine.

Barthes, Roland (1963), «Littérature et signification», en *Essais critiques,* París, Seuil, Collection Points.

Batteux, Charles (1989), *Les Beaux-Arts réduits à un même principe,* París, Aux Amateurs des Livres.

Baudelaire, Charles (1975), *Œuvres complètes I,* editado por Claude Pichois, París, Gallimard.

— (1976), *Œuvres complètes II,* editado por Claude Pichois, París, Gallimard.

Beaufils, Marcel (1972), *Musique du son, musique du verbe,* París, PUF.

Béhar, Henri (2006), *Analyse de l'œuvre. À la recherche du temps perdu de Marcel Proust,* París, Pocket.
Beltrando-Patier, Marie-Claire (1982), *Histoire de la musique,* París, Bordas.
Bernard, Suzanne (1959), *Mallarmé et la musique,* París, Nizet.
— (1978), *Le poème en prose de Baudelaire jusqu'à nos jours,* París, Nizet.
Boulez, Pierre (1966), *Relevés d'apprenti,* París, Seuil.
— (2012), «L'Absente de tout bouquet», en Anne-Lise Gastaldi y Pierre Ivanoff (dir.), *Marcel Proust, une vie en musiques,* París, Riveneuf/Archimbaud, pp. 17-23.
Brown, Calvin S. (1948), *Music and Literature. A Comparison of the Arts,* Athens, University of Georgia Press.
Cannone, Belinda (1998), *Musique et littérature au* XVIIIème *siècle,* París, PUF.
Cassirer, Ernst (1932), *La philosophie des Lumières,* París, Fayard.
Castarède, Marie-France (2002), *Les vocalises de la passion,* París, Armand Colin.
Chabanon, Michel Paul Guy de (1785), *De la musique considérée en elle-même et dans ses rapports avec la parole, les langues, la poésie et le théâtre,* París, BNF, Gallica.
Claudon, François (1988), «Théophile Gautier: Variation sur le carnaval de Venise», en *Transpositions,* Toulouse, Université de Toulouse Le Mirail.
— (1992), *La musique des romantiques,* París, PUF.
Condillac, Étienne Bonnot de (1822), «Essai sur l'origine des connaissances humaines», en *Œuvres complètes, Tome Premier,* París, Lecointe et Durey.
D'Alembert, Jean le Rond (1967), *Éléments de musique, théorique et pratique suivant les principes de Monsieur Rameau,* Ginebra, Slatkine.
Delon, Michel (2005), «Un fils des Lumières», *Magazine Littéraire* n.º 441.
Diderot, Denis (1875), «Principes généraux d'acoustique», en *Œuvres complètes VI, Poésies diverses, Sciences, Mathématiques, Physiologie,* París, Garnier-Frères.
— (1966), *La religieuse,* París, Gallimard.
— (1972), *Le neveu de Rameau,* París, Gallimard.
— (1981), *Les bijoux indiscrets,* París, Gallimard.
— (1994), «Philosophie», en *Œuvres I,* París, Robert Laffont.
— (1996), «Esthétique-Théâtre», en *Œuvres IV,* París, Robert Laffont.
Didier, Béatrice (1985), *La musique des Lumières,* París, PUF.

— (2001), *Diderot dramaturge du vivant,* París, PUF.

Douche, Sylvie (2020), «La stratégie proustienne après *Pelléas et Mélisande* de Debussy», en Cécile Leblanc, Françoise Leriche, Nathalie Mauriac (dir.), *Musiques de Proust,* París, Hermann, pp. 215-240.

Dubos, Jean-Baptiste (1967), *Réflexions critiques sur la poésie et sur la peinture,* Ginebra, Slatkine.

Duteurtre, Benoît (2012), «Reynaldo Hahn, musicien et dandy», en Anne-Lise Gastaldi y Pierre Ivanoff (dir.), *Marcel Proust, une vie en musiques,* París, Riveneuf/Archimbaud, pp. 59-75.

Eco, Umberto (1984), *Obra abierta,* traducción de Roser Berdagué, Buenos Aires, Editorial Planeta-Agostini.

Escal, Françoise (1992), *La musique et le Romantisme,* París, L'Harmattan.

Evans, Raymond (1978), *Les romantiques français et la musique,* París, Champion.

Ferrer, Anacleto y Hamerlinck, Manuel (eds.) (2007), *Jean-Jacques Rousseau. Escritos sobre música,* Valencia, Publicacions Universitat de València.

Fraisse, Luc (2012), «Proust et les philosophes de la musique», en Anne-Lise Gastaldi y Pierre Ivanoff (dir.), *Marcel Proust, une vie en musiques,* París, Riveneuf/Archimbaud, pp. 93-113.

Fubini, Enrico (1988), *La estética musical desde la Antigüedad hasta el siglo XX,* prólogo y notas de Carlos Guillermo Pérez de Aranda, Madrid, Alianza Música.

— (1994), *Música y lenguaje en la estética contemporánea,* traducción, prólogo y notas de Carlos Guillermo Pérez de Aranda, Madrid, Alianza Música.

— (2002), *Los enciclopedistas y la música,* traducción de M. Josep Cuenca Ordyniana, Valencia, Publicacions Universitat de València.

— (2007), *El Romanticismo: entre música y filosofía,* traducción de M. Josep Cuenca Ordinyana, Valencia, Universitat de València.

Guichard, Léon (1955), *La musique et les lettres en France au temps du Romantisme,* París, PUF.

— (1963), *La musique et les lettres en France au temps du wagnérisme,* París, PUF.

Gusdorf, Georges (1976), *Naissance de la conscience romantique au siècle des Lumières,* París, Payot.

Gut, Serge (1976), «Consonance, dissonance», en *Dictionnaire de la musique,* París, Bordas.
Hoffmann, Ernst Theodor (1985), *Écrits sur la musique,* Lausana, l'Âge d'Homme.
Hugo, Victor (1964), *Œuvres poétiques I,* París, Gallimard, La Pléiade.
— (1967), *Œuvres poétiques II,* París, Gallimard, La Pléiade.
— (1985), *Critique,* París, Bouquins, Robert Laffont.
Jauss, Hans-Robert (1978), *Pour une esthétique de la réception,* París, Gallimard.
Kolb, Philippe (1983), *Correspondance de Marcel Proust, tome X, 1910-1911,* París, Plon.
Kristeva, Julia (1977), «La musique parlée ou remarques sur la subjectivité dans la fiction à propos du Neveu de Rameau», en Michèle Duchet y Michèle Jalley (eds.), *Langue et langages de Leibniz à l'Encyclopédie,* París, Union Générale d'Éditions.
— (1981), *Le langage, cet inconnu,* París, Seuil, Collection Points.
Lacoue-Labarthe, Philippe (1991), *Musica Ficta. Figures de Wagner,* París, Christian Bourgois.
Lamartine, Alphonse de (1963), *Œuvres complètes,* París, Gallimard, La Pléiade.
Le Cerf de la Viéville, Jean-Laurent (1706), *Comparaison de la musique italienne et de la musique françoise,* Bruselas, BR.
Leblanc, Cécile (2017), *Proust écrivain de la musique. L'allégresse du compositeur,* Turnhout, Brepols.
Lecarme, Jacques (1999), *L'autobiographie,* París, Armand Colin.
Lecler, Éric (2000), *L'opéra symboliste,* París, L'Harmattan.
Longre, Jean-Pierre (1994), *Musique et littérature,* París, Bernard-Lacoste.
Mallarmé, Stéphane (2003a), «Poésies et autres poèmes. Un coup de dés n'abolira jamais le hasard. Correspondance choisie», en *Œuvres complètes I,* edición de Bertrand Marchal, París, Gallimard.
— (2003b), «La musique et les lettres. Divagations», en *Œuvres complètes II,* edición de Bertrand Marchal, París, Gallimard.
Mauron, Charles (1981), *Mallarmé l'obscur,* Ginebra-París, Slatkine.
Meylan, Pierre (1951), *Les écrivains et la musique,* Lausana, La Concorde.
Michaud, Guy (1947), *Message poétique du symbolisme,* París, Nizet.

Morisseau, Arthur (2020), «À l'écoute de la "petite phrase": les nouveaux Vinteuil», en Cécile Leblanc, Françoise Leriche y Nathalie Mauriac Dyer (dir.), *Musiques de Proust,* París, Hermann, pp. 241-253.

Musset, Alfred de (1963), *Œuvres complètes,* París, Seuil.

Nattiez, Jean-Jacques (1984), *Proust musicien,* París, Christian Bourgois.

— (2012), «Marcel Proust, une vie en musiques», en Anne-Lise Gastaldi y Pierre Ivanoff (dir.), *Marcel Proust, une vie en musiques,* París, Riveneuf/ Archimbaud, pp. 137-150.

Neubauer, Jean-Jacques (1992), *La emancipación de la música. El alejamiento de la mímesis en la estética del siglo XVIII,* Madrid, Visor.

Nietzsche, Friederich (2002), *Contra Wagner,* Madrid, Siruela.

Noske, Fritz (1954), *La mélodie française de Berlioz à Duparc: essai de critique historique,* Ámsterdam, North Holland Publishing Company.

Patri, Aimé (1952), «Mallarmé et la musique du silence», *Revue Musicale* n.º 210, pp. 101-111.

Proust, Marcel (1999), *À la recherche du temps perdu,* París, Quarto-Gallimard.

— (2018), *Los placeres y los días,* traducción de Consuelo Verges, Madrid, Alianza Editorial.

— (2022), *Cartas escogidas (1888-1922),* edición, prólogo y notas de Estela Ocampo, traducción de José Ramón Monreal, Barcelona, Acantilado.

Puleo, Alicia H. (2023), *Ideales ilustrados. La Encyclopédie de Diderot, D'Alembert y Jaucourt. Un legado emancipatorio para el siglo XXI,* Madrid, Plaza y Valdés.

Raguenet, François (1702), *Paralèle des Italiens et des François en ce qui regarde la musique et les opéra*, París, BNF, Gallica.

Rameau, Jean-Philippe (1722), *Traité de l'harmonie*, París, BNF, Gallica.

— (1754), *Observations sur notre instinct pour la musique et sur son principe,* París, BNF, Gallica.

— (1967), *Complete Theorical Writings,* Middelton, American Institute of Musicology.

Réti, Rudolph (1962), *Tonality in a Modern Music,* Nueva York, Collier Books.

Richard, Jean-Pierre (1954), *Littérature et sensation: Stendhal et Flaubert,* París, Seuil.

— (1961), *L'univers imaginaire de Mallarmé,* París, Seuil.

Roulet, Claude (1947), *Eléments de poétique mallarméenne,* Neuchâtel, Le Griffon.
Rousseau, Jean-Jacques (1959), «Les Confessions», en *Œuvres complètes I,* París, Gallimard, La Pléiade.
— (1967), *La nouvelle Héloïse,* París, Garnier-Flammarion.
— (1768), *Dictionnaire de musique,* París, BNF, Gallica.
— (1995), *Œuvres complètes V,* París, Gallimard, La Pléiade.
Rowell, Lewis (1990), *Introducción a la filosofía de la música,* Barcelona, Gedisa.
Sabatier, François (2004), *La musique dans la prose française,* París, Fayard.
Salaün, Franck y Taïeb, Patrick (dir.) (2016), *Musique et pantomime dans Le neveu de Rameau,* París, Hermann Essais.
Sand, George (2004), *Consuelo,* París, Robert Laffont.
Schopenhauer, Arthur (2016), *Sobre la música,* Madrid, Casimiro.
Sieburth, Richard (1993), «La musique du futur», en Denis Hollier (dir.), *Histoire de la littérature française,* París, Bordas, pp. 740-749.
Staël, Madame de (1968a), *De l'Allemagne I,* París, Garnier-Flammarion.
— (1968b), *De l'Allemagne II,* París, Garnier-Flammarion.
— (1998), *Lettres sur les ouvrages et le caractère de Jean-Jacques Rousseau,* París, Bibliopolis.
Stendhal (1964), *Le rouge et le noir,* París, Garnier-Flammarion.
Tadié, Jean-Yves (1993), «L'univers musical de Marcel Proust», *Revue de Littérature Comparée,* vol 67, n.º4, octubre, pp. 493-503.
Touya de Marenne, Eric (2005), *Musique et poétique à l'âge du symbolisme. Variations sur Wagner: Baudelaire, Mallarmé, Claudel, Valéry,* París, L'Harmattan.
Triay, Josep Pascual (2008), *Guía universal de la música,* Barcelona, Robinbook.
Valéry, Paul (1957), *Œuvres complètes I,* edición de Judith Robinson, París, Gallimard.
Vázquez, Lydia (2005), *Jean-Jacques Rousseau,* Madrid, Síntesis.
Voltaire, François Marie Arouet (1735), *Traité de métaphysique,* París, BNF, Gallica.
Wagner, Richard (1910), *Œuvres complètes,* traducción de Jacques-Gabriel Prod'Homme, París, Delagrave.